東海の城下町を歩く

中井 均 編著
Hitoshi Nakai

風媒社

はじめに

東海地方は戦国の英傑、織田信長、豊臣秀吉、徳川家康の誕生地であり、天下に覇を唱える出発点ともなった地である。

さらに彼らを支えた数多くの武将の出身地でもあり、多くの城郭が構えられた地でもあった。こうした戦国時代の城のいくつかは江戸時代にも地域の拠点として城下町を構えて栄えた。

城郭の多くは明治維新により解体され、城下町も近代化の波のなかにその面影は失われてしまった。しかし実際に歩いてみると町のそこかしこに城下町時代の遺跡が残されていることに気がつく。

本書ではこうした城郭と城下町を実際に歩いてもらうために企画されたものであり、本書を片手にぜひとも東海地方の城下町歩きを楽しんでいただきたい。

中井 均

郡上八幡の城下町（岐阜県）

目次

はじめに……東海の城下町を歩く　2

城MAP　6

［愛知］

名古屋市――名古屋城　家康の権勢を天下に知らしめた城　8

犬山市――犬山城　木曽川を眼下に見下ろす優美なる天守閣　14

清須市――清須城　地下に眠る城下町の痕跡　19

岡崎市――岡崎城　格好の散策路、「二十七曲り」　23

豊橋市――吉田城　池田輝政が整備拡張した城　27

新城市――長篠城　戦国時代屈指の大合戦、長篠・設楽原の舞台へ　32

小牧市――小牧山城　山全体が国史跡、信長ゆかりの山城　37

西尾市――西尾城　小京都の風情あふれる町並み　42

田原市――田原城　渡辺崋山の故郷　46

名古屋城

【静岡】

静岡市――駿府城　徳川家康が最も愛した居城　52

浜松市――浜松城　若き家康が駆け抜けた町　56

掛川市――掛川城　水陸交通の要に位置した城下町　60

【岐阜】

岐阜市――岐阜城　道三・信長の町づくりを体感　66

郡上市――郡上八幡城　水清く、踊りににぎわう城下町　71

恵那市――岩村城　日本三大山城のひとつ　75

大垣市――大垣城　水辺の散策が楽しい「水の都」　79

【三重】

松阪市――松阪城　蒲生氏郷が基礎を築いた東海きっての商都　86

津市――津城　藤堂高虎が基礎を築いた三重の県都　91

金華山（岐阜城）からの夜景

伊賀市――伊賀上野城　藤堂高虎による代表的名城　95
亀山市――亀山城　東海道の要衝に築かれた城　100

［滋賀］
長浜市――長浜城　琵琶湖を利用して築かれた秀吉の出世城　106
彦根市――彦根城　近世城下町の教科書的構造　110

▼古城ガイド　115
［愛知県］挙母城／岩崎城／刈谷城／沓掛城／奥殿陣屋
［静岡県］横須賀城／田中城／二俣城／小島陣屋
［岐阜県］苗木城／加納城／高山城／松倉城／妻木城
［三重県］鳥羽城／赤木城／田丸城／伊勢神戸城
［滋賀県］安土城／小谷城／観音寺城

彦根城（滋賀県）の天守付櫓

城MAP
松倉城
郡上八幡城
高山城
彦根城
苗木城
小谷城
小牧山城
岩村城
長浜城
岐阜城
犬山城
大垣城
妻木城
加納城
安土城
清洲城
田中城
沓掛城
名古屋城
岩崎城
挙母城
小島陣屋
奥殿陣屋
観音寺城
伊勢神戸城
二俣城
岡崎城
亀山城
津城
伊賀上野城
刈谷城
浜松城
駿府城
松坂城
田原城
横須賀城
吉田城
田丸城
西尾城
長篠城
掛川城
赤木城
鳥羽城

愛知

東海の城下町を歩く

名古屋城

家康の権勢を天下に知らしめた城

◉名古屋市　平成22年に開府400年を迎えた名古屋。城も町も見どころは豊富だ。

名古屋城天守閣

天守閣屋根の金鯱

城と町の大移動「清須越」

徳川家康によって名古屋城が築城されたのは、慶長15年（1610）から17年にかけてのことである。それまでの尾張の要の城は清須城。関ヶ原の戦いに勝利した家康が、東西交通の要衝に位置する尾張の守りを強固にすべく、清須からの移転を図ったのである。

「那古野」と呼ばれた当地が移転先に選ばれたのは、川に近接し水攻めの危険性をはらんでいた清須に対し、乾いた台地上という安全な地形であったことや、熱田の湊や主要街道に近く大軍を動かすのに好都合だったことなどが理由である。

築城にあたっては、清須城を町ごと那古野に移転させる「清須越」がおこなわれた。家康は台地の北端に置いた城を中心に町割りをし、築城の開始とともに清須城下から武士、商

人、職人らを引っ越させる。そのいっぽうで、城の家康の命により全国の大名によって工事も進められた。縄張りの後、石垣の工事に着手。天守台の建設には、築城の名手といわれた肥後熊本藩主加藤清正があたり、わずか3カ月弱でこれを完成させている。そして2年をかけて、木曽檜をふんだんに使用した豪壮で優美な天守閣が建設された。

名古屋城は明治政府による廃藩置県に至るまで、尾張藩徳川家の居城として天下にその名を轟かせた。明治以降、城内の武家屋敷や二之丸は取り壊され、陸軍省施設として使用される。天守閣も再三、取り壊しの話が持ち上がるが、難を逃れて保存され、昭和5年には国宝に指定される。しかし昭和20年の空襲で焼失。現在の天守閣は、昭和34年に再建されたものである。

広大な城内と豪壮な天守閣

家康が権勢を見せつけた名古屋城は、実に広い。その範囲は、公園化されている本丸・二之丸・西之丸・御深井丸に加え、官庁街になっている三之丸ま

加藤清正像

東南隅櫓と表二之門

でを含んでいる。三之丸はかつての上級武家屋敷街である。

城の見学は、天守閣西南に構える堂々とした造りの正門から。広々とした西之丸をまっすぐ進むと、天守閣への入口にあたる表二之門がある。扉は総鉄板張り、袖塀は漆喰づくりでいかにも堅い守り。門をくぐると枡形になっており、直線で天守閣にたどり着けない構造になっている。

登城口から破風を見あげる

石垣に残された刻紋

築城当時の原形をとどめる東南隅櫓（辰巳櫓）を見上げつつ、石垣に沿って進む。この石垣をよく見ると、さまざまな印が刻まれていることに気づく。これは、石垣の築造を受け持った大名が付けたもの。工事現場の割り振りは複雑を極めたため、混同しないよう配慮してのものである。この刻紋は、城内の随所で見ることができる。

再建天守閣は地上7階・地下1階で、鉄筋コンクリート造りだが外観は焼失

城下町を再現した館内展示

前とほぼ同じ。小天守から大天守の中へと入る。入口で見上げる、破風を連ねた屋根が見事だ。館内には名古屋城の遺品や武具の展示、城下町の再現コーナー、城と町の歴史の紹介などがあり、名古屋城のシンボルである金鯱のレプリカも設置。他城の追随を許さない、充実した展示内容だ。また、最上階の7階は展望室になっている。

天守閣見学のあとは、広い城内を一周してみよう。天守閣の外観を間近で観察するなら、北西の御深井丸がベスト。天守閣ばかりでなく、深い堀と高く積まれた天守台もなかなかの迫力である。西之丸では、国の天然記念物に指定されている推定樹齢600年のカヤの木が見もの。東側の二之丸は、藩主邸宅兼藩政庁舎の機能を担った「御城」こと二之丸御殿のあった場所。現在は国指定名勝二之丸庭園などが整備されている。茶亭もあり、格好の休憩スポットになっている。

【DATA】

◉名古屋城
名古屋市中区本丸1-1／9:00～16:30（入城は16:00まで）／12/29～1/1休園／大人500円／052-231-1700

武家屋敷街や土蔵を眺めて

昭和20年の大空襲によって市街全域が焼け野原になった名古屋だが、碁盤目状の町割りは今も活かされており、城下町らしさを感じさせる古い町並み

白壁の町並み

や建造物は、多くはないが随所に見ることができる。

　そのひとつが、名古屋城から東へ約1㎞に位置する町並み保存地区「白壁《しらかべ》・主税《ちから》・撞木《しゅもく》の町並み」だ。ここは江戸時代の中・下級武士が住んだ武家屋敷街。明治以降は名古屋を代表する政財界人の多くがこの地に邸宅を構え、近世と近代の混在した特色ある景観をつくっている。古い建築物が老舗料亭や高級レストランなどに転用されているほか、大正時代に建築された文化のみち二葉館（旧川上貞奴《さだやっこ》邸）、文化のみち撞木館（旧井本為三郎《いもとためさぶろう》邸）、旧豊田佐助邸は、内部が見学できる。

白壁地区に残る旧武家屋敷

　撞木町から東へ500ｍほど歩くと、豪壮な三門が構える建中寺《けんちゅうじ》がある。尾張徳川家の菩提寺で、尾張二代藩主徳川光友《みつとも》が父義直《よしなお》の菩提を弔うため、慶安4年（1651）に建立した浄土宗寺院。かつては現在の4倍ほどの境内面積を有していた。三門や本堂などは江戸時代に建造され、瓦などに徳川の家紋である三つ葉葵があしらわれている。

建中寺三門

建中寺

　もうひとつ、古い町並みで見ておきたいのは、名古屋城の南西に位置する四間道《しけみち》の界隈である。三之丸の西外れから掘り川沿いを南下、清須越《きよすごし》で清須城下から移転してきた五条橋を渡り円《えん》頓寺《どうじ》商店街に入らず左に折れると、白

五条橋から見た堀川

四間道の土蔵群

壁土蔵が建ち並んでいる。ここが四間道だ。堀川は、熱田湊と城下町を結ぶ目的で掘削された運河であり、物資陸揚げの拠点として米、塩、油などを扱う大商人が軒を連ねた場所だった。蔵はその名残である。

　このほか、城下町らしさをとどめる場所には、城下町の東側の防備として1カ所に寺を集めた東寺町（現在の東区東桜2丁目）、大須《おおす》観音を中心とした城下町南端の南寺町であり、名古屋随一の繁華街として賑わった大須界隈（現在の中区）などがある。（内藤昌康）

大須観音の門前

【column】

華やかな大名道具の世界

　名古屋城と併せて訪れたいのは、尾張徳川家に伝えられた数々の家宝を展示する徳川美術館と、徳川園だ。所在地は名古屋城から東へ約3㎞。もとは二代藩主光友が隠居所として元禄8年（1695）に造成した大曽根屋敷跡で、家老に譲られたのち、明治22年から徳川家の邸宅となっていた場所である。

　美術館の開館は昭和10年と古い。侯爵徳川義親から寄附されたいわゆる「大名道具」を中心に収蔵点数は1万点以上にのぼる。中には「源氏物語絵巻」「初音の調度」など国宝9件、重要文化財58件、重要美術品46件を含んでおり、質量ともに日本屈指の美術館といってもいい。館内は武具・刀剣、茶の湯道具、書院飾り、能道具、奥道具などの展示室に分かれ、定期的に展示品を入れ替えているほか、企画展の開催数も多い。美術館に隣接する蓬《ほう》左《さ》文庫は、家康や尾張徳川家の蔵書、絵図などを所蔵しており、こちらでもさまざまな企画展が催されている。

　徳川園は、大曽根屋敷の旧庭園を整備した広大な池泉式回遊庭園。地形を生かし、大きな池や滝などを配した荘厳な造りは、かつての大名庭園を彷彿させる。

◉徳川美術館
名古屋市東区徳川町1017／10:00～17:00（入館は16:30まで）／月曜（祝日の場合は翌日）、年末年始休館／大人1200円（蓬左文庫と共通）／052-935-6262
◉徳川園
名古屋市東区徳川町1001／9:30～17:30（入館は17:00まで）／月曜（祝日の場合は翌日）、年末年始休館／大人300円／052-935-8988

犬山城

木曽川を眼下に見下ろす優美なる天守閣

●犬山市　全国でも希少な国宝天守閣を起点に、風情ある城下町を歩こう。

犬山城天守閣

「日本最古」ともいわれる天守閣

日本には国宝に指定されている天守閣が4つある。姫路城（兵庫県）、松本城（長野県）、彦根城（滋賀県）、そしてこの犬山城だ。白壁、望楼型の優美な佇まいといい、木曽川ほとりの丘の上という立地といい、東海地方でももっとも美しい城として異論はないだろう。

日本最古の天守建築とされる犬山城だが、天守閣の建造年は確定的でない。創建は天文6年（1537）で、織田信長の叔父、信康《のぶやす》が初代城主である。1・2階部分はこの頃につくられたと考えられている。伝承では、家康から金山城（可児市兼山）を与えられた城主小笠原吉次が、慶長5年（1600）、木曽川を利用してこれを移築したとされているが、これはあくまで伝承にすぎない。初期の犬山城での大きな出来事は、天正12年（1584）の小牧《こまき》・長久手《ながくて》の戦いで豊臣秀吉が12万の大軍勢を率いて入城、小牧山に陣を置いた家康・信《のぶ》雄《かつ》軍と対峙したことが挙げられる。

元和3年（1617）、尾張徳川家の付家老に任じられた成瀬《なるせ》正成《まさなり》が入城。正成の代に、3階の破風や4階の欄干などが整備され、現在の犬山城の姿になった。以後、明治初年まで九代にわたって成瀬氏が城主を勤める。ただし犬山は尾張藩領の一部であるため、城

主であっても藩主ではなかった。

明治初期のわずか4年間だけ犬山藩が成立するが、廃藩置県により終焉。建造物のほとんどが取り壊されたが、天守閣は生き永らえる。しかし、明治24年の濃尾地震により破損。そこで、修復を条件に再び成瀬家に返却された。それから長らく、成瀬家の個人所有として維持されてきた。現在は、平成16年に設立された「財団法人犬山城白帝文庫」に移管されている。

眺望絶佳の天守閣最上階

犬山城があるのは、木曽川左岸の小高い丘の上。対岸から見ると、河畔の崖の頂上に天守閣が建つ様がよくわかり、守りの堅い城であったことが伺える。城の外周と城下町は堀で囲まれていたが、現在は本丸・二之丸西側の空堀と、外堀の一部が郷瀬川として残るのみ。

天守閣へは、犬山城前観光案内所の

脇から登るが、針綱《はりつな》神社の境内を通って行くこともできる。城のある山はもともと針綱神社の社地で、信康が城を築いたとき、東方の白山平に移された。さらに城下町の南側に位置する名栗に移され、成瀬氏の祈願所となる。そして明治15年、当初の鎮座地である現在地に戻された。

　石積みの間の坂道を登ると復元された本丸門があり、これをくぐると4階建て、高さ19mの天守閣が現れる。天守台の石垣は、自然の石をそのまま積み上げた野面積。中に入ると、太い梁とともに剥き出しになった石垣を見ることができる。内部も往時の姿をよくとどめており、本書に取り上げた城でもっとも興味深く見学できるのではないだろうか。城主が使用した「上段の間」、区画された部屋を取り巻く「武者走り」と呼ばれる板の間、そして武具の間、破風の間などを見たのち、4階の「高欄の間」へ。

木曽川対岸から犬山城を望む

針綱神社

天守閣の「上段の間」

　四方に視界が開けた4階からの眺めは絶景だ。北側真下を流れるのは木曽川。上流方向は、山の間へと流れが吸い込まれてゆく。美濃加茂市からここまでが船下りで人気の景勝地「日本ライン」である。北側は、川を挟んで岐阜県各務原市。西から南方向は濃尾平野で、緑の森のすぐ向こうには城下町が広がる。

古い商家や町家が点在

　碁盤目状に近い町割りがなされている犬山には、古い建物が多く残り、城下町らしい風情がある。近年は本町通りの電線地中化や道路の美装化が施さ

「高欄の間」から木曽川下流を望む

本町通りと犬山城

武家屋敷街の大本町通り

れるなど景観保持に熱心で、また古い建物を活用した飲食店、土産物店なども増えており、以前にも増して散策が楽しくなった。

犬山福祉会館前の交差点あたりが大手門の跡で、これより北が三之丸、南が城下町となる。まず立ち寄りたいのは、三之丸にある犬山市文化史料館。犬山祭に使われる山車や、御庭焼として発展した犬山焼の古陶器など城主成瀬家に関する資料が展示されている。道路を挟んだ向かいには、別館の「からくり展示館」がある。

針綱神社から南へまっすぐ延びる本町通りが、城下町の核となる通りである。呉服屋、酒屋をはじめ多くの商店が配され、繁華街として賑わった。当初は一本西の大本町が中心だったが、平岩親吉《ちかよし》が城主だった慶長年間（1596～1615）、大本町に武士を移住させて武家町とし、本町通りを町人の町にしたとされる。高札場の「札の辻」から東へ延びる魚屋町、本町通りの1本東の鍛冶屋町など、専門職にまつわる町名もいくつか見られる。

見学施設には、本町通り沿いの「旧磯部家住宅」がある。磯部家は江戸時代から戦後まで続いた呉服商で、屋号は「柏屋」。幕末から明治初期に建てられた商家建築の内部を見ることができる。

札の辻付近

【DATA】

◉国宝犬山城
犬山市大字犬山字北古券65-2／9:00～17:00（入城は16:30まで）／12/29～31休館／大人500円（犬山市文化史料館も入館可）／0568-61-1711

◉犬山市文化史料館
犬山市大字犬山字北古券8／9:00～17:00（入館は16:30まで）／12/29～31休館／大人100円／0568-62-4802

◉旧磯部家住宅
犬山市大字犬山字東古券72／9:00～17:00（入館は16:30まで）／12/29～31休館／入館無料／0568-65-3444

る。現在も続く老舗の代表格は、練屋町の和泉屋こと小島醸造。慶長2年(1597)に創業し、薬用酒の一種「荵《にん》冬酒《とうしゅ》」を代々造っている。

ほかにも、信長の弟、織田有楽斎《おだうらくさい》が建てた国宝茶室「如庵《じょあん》」、犬山城門を移築した山門を有する瑞泉寺をはじめ、数々の古刹など見るべきものは多い。

(内藤昌康)

旧磯部家住宅

【column】

城主が奨励して発展した犬山祭

犬山の季節行事といえば、毎年４月第１土･日曜におこなわれる「犬山祭」が有名。東海地方には山車祭りが多いが、犬山祭では車山《やま》が13台も曳き揃えられ、そのすべてにからくりが備えられ、屈指の豪華さ、規模の大きさを誇っている。ちょうど桜のシーズンでもあり、桜と車山の取り合わせは見もの。提灯で飾られる夜の光景も素晴らしい。

犬山祭は、天守閣の登城口に鎮座する針綱神社の祭礼である。寛永12年（1635)、大火に見舞われた城下町の復興を祈願して始められた。当初は下本町が馬の塔（飾り立てた馬の奉納)、魚屋町が茶摘みの練り物（行列）を出し、のちに馬の塔が車山に代わり、からくりを奉納するようになった。当時の城主成瀬正虎がこれを奨励したことで規模が拡大。やがて宝暦年間（1751 ～ 1763）には、現在も使われる高層の３層の車山が登場した。

祭りに登場する山車が１年じゅう見られるのが、本文でも紹介した「犬山市文化史料館」と、本町通りの南入口に位置する「どんでん館」。文化史料館は２台、どんでん館は４台の車山を展示。どんでん館は音と光で祭りがバーチャル体験できる。

このほか、毎年10月下旬に開催されるイベント「秋の犬山お城まつり」にも、車山がずらり引き揃えられる。

◉どんでん館

犬山市大字犬山字東古券62／9:00～17:00（入館は16:30まで）／12/29～31休館／大人200円／0568-65-1728

清須城

地下に眠る城下町の痕跡

◉清須市　徳川家康によって廃城になり、幻の城となった清須城の遺構を訪ねてみよう。

清須城本丸（清洲公園）

名古屋駅からＪＲ東海道本線を大阪方面に向かうと、間もなく右手に天守閣状の建物がみえてくる。平成元年に旧清洲町が建てた模擬天守「清洲城」である。かつてその一帯は、初代尾張藩主徳川義直《よしなお》が名古屋城築城を命ずる前の、尾張の政治・経済・文化の中心であった「清須城」とその城下町であった。

この清須城は応永12年（１４０５）頃に築城されたと伝えられ、慶長15年（１６１０）に廃城となっており、約２００年の歴史を持つ。その間にいくつもの歴史的事件があり、時には城郭や城下町を大きく変化させた。

戦国時代の守護館から織豊期の近世城郭へ

清須城は最初に守護所下津《おりづ》（稲沢市）の別郭として築城されたが、その実情は未だによくわからない。

この清須城が尾張国の中心となったのは、文明10年（１４７８）年に守護代織田敏定《としさだ》が清須に尾張守護所を置いたことに始まる。前期清須城の時代である。下津城は焼亡し、守護所は清須城と岩倉城の２つに分かれた。守護または守護代が在した清須の守護館の姿については諸説あるが、五条川の左岸（現在の模擬天守の位置）に二重堀で囲まれた一辺が２００ｍを越える方形の屋敷だったと推測されている。その南北には、堀で囲まれた武家屋敷が並んでいた。これとは別にいくつかの神社が存在し、その門前や川湊では市が開かれ繁栄していたと考えられている。

次に清須が大きく変わったのは、天正14年（１５８６）におこなわれた織田信雄《のぶかつ》の大改修である。天正地震の被害から復興するのにあわせ、城と町の構造を大きく変えた。織豊期の近世城郭を目指した後期清須城の時代である。本丸を五条川右岸に移して周囲を石垣で固め、そこに瓦葺きの天守などを建てた。城下町は三重の堀で囲まれ、軒を連ねた町屋が広く展開する形とした。

この堀の位置などは、名古屋市蓬左文庫所蔵「清須村古城絵図」に詳細に描かれている。「関東の巨鎮」と呼ばれた清須城は、この段階の姿を示している。

まずは本丸周辺を散策する

後期清須城の本丸跡である清洲公園には、城址を偲ぶ石碑や信長公の銅像が存在するが、一見どこが城跡なのかはわかりにくい。JR線の北側の小高い土盛りが、天守があった場所と伝えられている。その西側に幅が40mもある内堀が南北に流れていたが、今は広場と水田に面影が残るのみである。

後期清須城の様子を知る最もわかりやすい遺構は、「ふるさとのやかた」の北側にある移築された石垣遺構である。

出土した本丸東面の石垣遺構

これは東海道本線より南の本丸東面部分を発掘調査した際に発見されたものだ。井桁状に組まれた土台木は石垣が崩落しないように工夫したもので、土台木としては全国でも最古級のものであった。移築された石垣は、木質の基礎構造は複製だが、石材の大部分は当時のものが使われている。

城下町を巡る

城下町部分の当時の姿を探るのは、城郭部よりもさらに難しい。現在残る美濃街道沿いの古い町並みは、江戸時代の清洲宿に由来するものであり、これが戦国時代まで遡る可能性は乏しい。戦国時代の姿をとどめているのは、三重の堀や土塁の痕跡と神社などである。本丸から北へ向かって進んでみよう。

本丸北の清洲中学校の西脇に御園神明社が鎮座する。清須三社の一つにも数えられている御園神明社の前には、現在も水路と水田が横切っており、これが清須城の中堀に相当する。水路を東側に延長した部分では、発掘調査によって中堀が五条川に接続しない形で確認された。美濃街道を稲沢方面に行くと、伝織田信長焼兜を持つ総見院の手前に水路が横断する部分がある。これが清須城北端部の外堀に該当する。

五条川を渡った小牧街道の脇には愛宕社がある。清須城の鬼門を守護する神社として信仰されており、その裏手に彎曲して流れる水路が外堀の痕跡である。社殿のある高まりは古墳とする

【column】模擬天守「清洲城」

模擬天守「清洲城」は平成22年3月にリニューアルされ、清須城の歴史や構造が簡単に解説され、城下町などから出土した若干の遺物も展示されている。最上階の眺望はすばらしく、低平な濃尾平野の中に清須城が築かれたことがよくわかる。この場所が、前期清須城の守護館があった地点であるが、現状では地割の方向くらいしかその痕跡をみることができないのが残念である。

◉清洲城
清須市朝日城屋敷1-1／9:00～16:30（入館は16:45まで）／月曜日（休日の場合は直後の平日）、12/29～31休館。ただし、桜の花見期間・清洲城ふるさとまつり期間は開館／大人300円／052-409-7330

御園神明社門前の中堀跡

発掘調査で発見された中堀
（愛知県埋蔵文化財センター提供）

美濃街道からみえる外堀跡（水路）

説があるが、その是非はともかく、後期清須城の段階では外堀の内側にある土塁として機能していただろう。

そこからはるか南に行くと清須三社の一つである日吉神社がある。その由緒は古代まで遡り、西隣の細い道は熱田方面に向かう古い道路と推定される。地名からみてこの付近に中市場が開かれていただろう。この古道は、古地図でたどると清洲東小学校の北側にある細道につながり、武家屋敷群があった前期城下町まで時代が遡ることがわかる。

さらに南下すると鍋方に至る。清須城下町南端で古道の出入り口に相当する鍋方公園は、ちょうど堀を囲み厳重に防御した虎口という空間に当たる。そのすぐ西にある旧松蔭神社の高まりは清須城外郭の土塁に相当し、「外土居」の石柱も建っている。さらに西にある丸の内郵便局付近での折れ曲がった美濃街道も、虎口の名残をとどめている。

美濃街道を北上し本丸西側まで行くと付近には上畠神明社がある。清須城大改修の際に現在地に移転したと伝えられて、清須三社の残りの一つである。この他にも、堀跡と思われる水路や水田が十数カ所残されており、名古屋市蓬左文庫所蔵の「清須村古城絵図」をたよりに探索するのが、上級者向けの楽しみ方である。

このように清須越で跡形もなく名古屋に移転したと考えられている清須城には、実際には今もその面影を偲ぶ遺構が随所に存在しているのである。(鈴木正貴)

日吉神社

愛宕社

日吉神社横の古道跡

愛宕社裏の外堀跡と土塁跡

美濃街道での虎口跡

岡崎城天守閣

岡崎城

格好の散策路、「二十七曲り」

◉岡崎市　徳川家の成立と発展を見届けた岡崎。城下にはゆかりの遺産が数多く残る。

東海道の要所

岡崎城の歴史は、15世紀中頃に西郷氏が矢作川沿いに築いた砦を、享禄4年（1531）松平清康（家康の祖父）が奪って整備拡張したことから始まる。天文11年（1542）には、城内で竹千代《たけちよ》（のちの徳川家康）が生まれている。

清康は天文18年（1549）に家臣によって殺され、以後約10年松平家は苦難の歴史をたどる。永禄3年（1560）、桶狭間の戦いで今川家の力が弱まると、18歳になった家康が岡崎城を奪還し独立。徳川家はここでじっくり力を蓄える。元亀元年（1570）に家康が浜松に移ってからは、子の信康。信康が自刃させられた後は、家臣の石川数正、本多重次らが城主となる。

天正18年（1590）徳川家康の関東移封に伴い、豊臣家重臣田中吉政が岡崎を治め、家康に対する防衛拠点として城を広大なものとした。同時に、東海道を城内に繰り入れ、「二十七曲り」という交通の難所をつくる。吉政自身は関ヶ原の役で東軍に属し、その功で筑後32万石に国替え。代わって本多、松平、水野などの有力大名が国主となり、今度は西向きに備えを置く。毛利や島津が江戸に進軍してくる場合に備えたものだが、幕末に官軍は、関ヶ原の時と同じく無血で通過する。

【DATA】

◉岡崎城／三河武士のやかた・家康館
岡崎市康生町561／9:00～17:00（入館は16:30まで）／12/29～1/1休館／大人500円（共通券）／0564-22-2122

城そのものは明治6年（1873）の廃城令で、三層の天守閣をはじめすべての建物が破壊された。

かつての広い城割もほとんどが市街地になり、寺社や街道跡に名残を見せるだけである。天守閣は、戦後コンクリート造りで再建され、周辺の曲輪や堀も整備された。

現在一帯はまとめて岡崎公園と呼ばれ、市民の憩いの場となっている。乙川から北に森が広がり、深い空堀を挟んで、家康公の銅像あたりまでが癒しの遊歩道だ。昭和57年には、「三河武士のやかた・家康館」もつくられた。

二十七曲り冠木門

二十七曲り案内碑

市内を横切る二十七曲り

岡崎城の城割は、今からは想像できないくらい広かった。東海道では江戸城、大坂城に次ぐ面積があった。つまり名古屋城より大きい。その中に東海道を導き入れ、城を迂回する形で二十七曲りという道筋がつくられている。ぜひこの道を歩いていただきたい。語呂がいいからということではなく、本当に街道が二十七回曲がっている。ここを通過する軍勢を迎え撃つためであったが、現在は都心にあって格好の散策路となっている。

名鉄東岡崎駅から、1号線を1kmほど東へ歩く。少し北へ上がると、二十七曲りの碑と冠木門《かぶき》がありここがスタート。それぞれの辻に、金の草鞋《わらじ》を上に載せた道標が立っており迷うことはない。右手に寺社を見ながら西へ、住宅地を過ぎて伝馬通へ入る。30分ほど歩いた岡崎信用金庫資料館は、ぜひ立ち寄りたい。赤レンガの建物の中は、世界中のさまざまな貨幣などが隙間なく展示されている。見学後は、そのまま繁華街を連尺通りへ入る。かつては本陣や宿屋が軒を並べていたそうだ。それぞれにていねいな説明板があり、読むうちに岡崎に対する理解が深まる。短い橋（柿田橋）を渡ると、街道は南へ巡る。

1号線の歩道橋を越えたあたりから、ビルの谷間に岡崎城天守閣が見事に望める。再び東に折れ、八丁味噌蔵の黒塀脇を通り矢作川に突き当たる。江戸時代はここに、広重の浮世絵で有名な矢作橋（東海道でいちばん長い橋）があった。

全部歩いて1時間半、興味をそそられるコースである。自分が歩いたときも、案内地図を手にした歴史マニア？と、何度もすれ違った。

三度飛脚の石彫
（伝馬歴史プロムナード）

岡崎信用金庫資料館

徳川家に愛された大樹寺、伊賀八幡宮

岡崎は市内いたる所に、寺や神社がある。密度でいうと、京都・奈良を上回るかもしれない。例外なく徳川家とつながりがあり、それぞれ深い由来を持っている。二十七曲りの脇にも、家康の生母於大《おだい》の方の墓塔がある大《だい》泉寺《せんじ》、家康の乳母が開いた極楽寺、家康が創建した楼門をもつ随念寺《ずいねんじ》などが並ぶ。いずれも城郭寺の特徴を持っており、いざというときは、東海道を見下ろす戦《いくさ》の拠点となるものであった。西へ歩いて、魚町には松平清康・広忠親子の墓がある大林寺《だいりんじ》。街道を挟んで北の松応寺《しょうおうじ》（岡崎市松本町）は、家康が父広忠を弔うために建てた寺である。街道から離れて名鉄線の南、重要文化財の楼門を持つ六所《ろくしょ》神社（岡崎市明大寺町字耳取）も見応えは十分。しかし徳川家ゆかりといえば、大樹寺《だいじゅじ》（岡崎市鴨田町字広元）と伊賀八幡宮（岡崎市伊賀町東郷町中）を落としてはいけないだろう。

城から国道２４８号を北へ約３㎞、大樹寺３丁目の信号を右に回ると、重

伊賀八幡宮

大樹寺山門

要文化財の多宝塔が見えてくる。立派な山門をくぐって広い境内を本堂へ向かう。頼めば、桶狭間の戦いの折り、青年家康がこの寺に逃げ込んだ時の逸話も解説してくれる。家康の旗印「厭離《おんり》穢土《えど》」もこの寺での出来事から生まれた。徳川家歴代将軍の位牌が並ぶ位牌堂（有料）へも立ち寄りたい。

帰りに本堂から現在は小学校の敷地になっている総門を望めば、真正面に岡崎城天守閣が望めた。ここは間違いなく、徳川家の菩提寺である。

大樹寺多宝塔

寺から南へ15分ほど歩いて、伊賀八幡宮に入る。ここも数々の徳川伝説が残る神社である。同じく国の重要文化財に指定されている社殿は、朱塗りが見事に輝いている。夏は境内の蓮の花が鮮やかで、これを目当てに訪れる人も多いという。

そのまま伊賀川沿いに南に歩けば、板屋町で再び東海道に出会う。このあたりは、かつて遊郭や料亭が建ち並んでいたそうだ。江戸時代にタイムスリップしたような、狭い町並みがしばらく続く。（日川好平）

【column】八丁味噌のふるさと

「カクキュー」の本社事務所

八丁味噌は、岡崎城から八丁離れた村でつくられていたことからその名がついた。東海道二十七曲りの終点、矢作川沿いに位置している。この地は水運に恵まれ、よい水や塩・大豆などが手に入りやすい場所であった。作られる赤味噌は甘みが少なく保存も効き、三河武士の兵糧として珍重されたという。江戸開府とともに関東にも広まった。

現在は、「まるや八丁味噌」と「カクキュー」の2社が味噌作りをしている。どちらも工場見学に力を入れていて、個人でも団体でも工場内をていねいに案内してくれる（カクキューは「八丁味噌の郷」と称し、味噌蔵の一部を史料館にしている）。

もともと日本中に名が知れ渡っていたが、平成18年に放送されたＮＨＫ朝の連続ドラマ、宮崎あおい主演「純情きらり」の舞台としてカクキューが取り上げられ、さらに全国区の地位を確立した。中を見学すると、あちこちに放送当時の写真が展示され、撮影のこぼれ話なども教えていただける。見学の興味がさらに増した気がした。行った日も団体バスが次から次に押し寄せていた。

見学を終えてから気がついたが、味噌蔵前の南北の道が、いつの間にか「きらり通り」という名になっていたのには、思わず笑ってしまった。

◉八丁味噌の郷
岡崎市八帖町字往還通69／9:00～18:00（工場見学は16：00／年中無休／無料／0564-21-1355

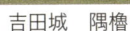

吉田城

池田輝政が整備拡張した城

◉豊橋市　路面電車に乗って豊橋のいまむかしを楽しもう。

吉田城　隅櫓

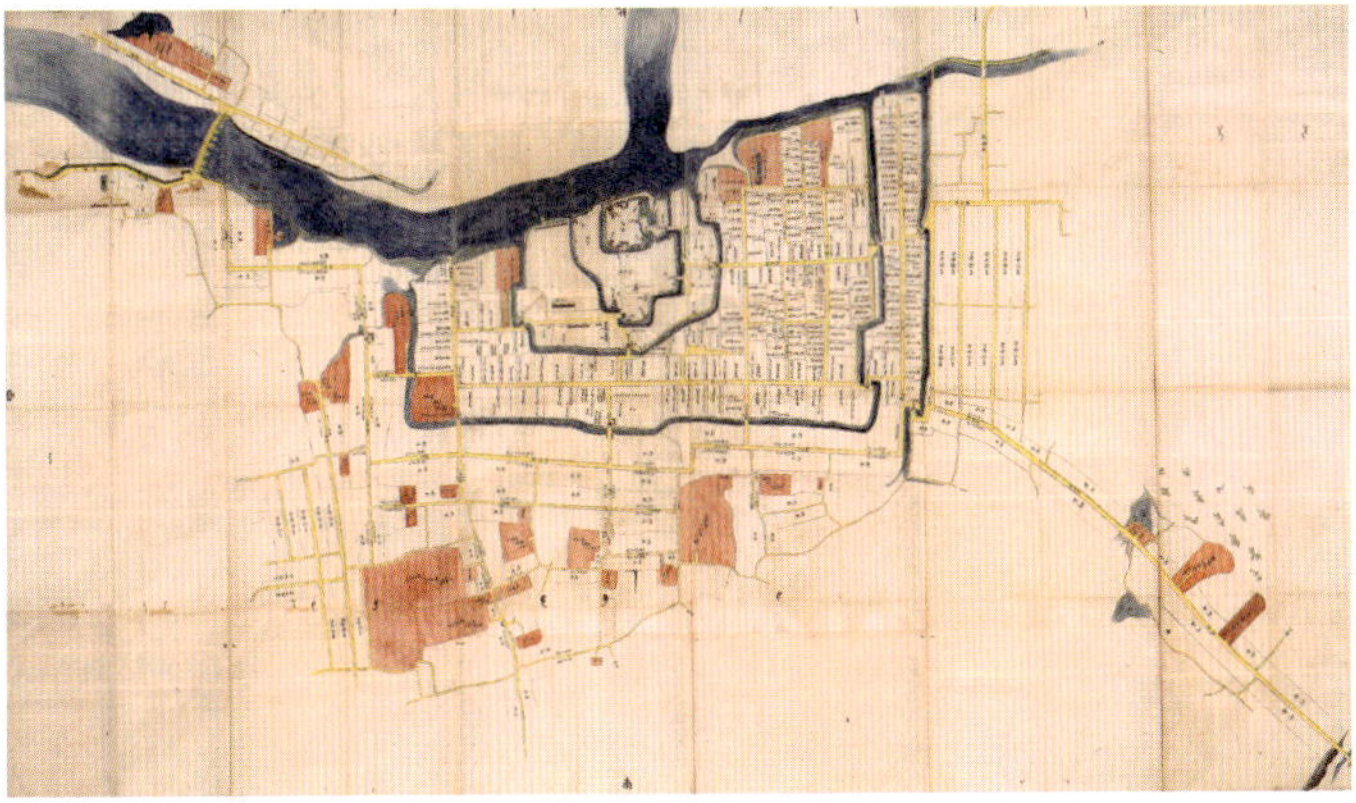

吉田藩士屋敷図（豊橋市指定文化財・豊橋市美術博物館蔵）

堅固に築かれた壮大な城

永正2年（1505）、牧野古白《こはく》がその前身の今橋《いまはし》城を築いたことに始まる吉田城の歴史は、戦国時代を経て、徳川家康の三河統一による酒井忠次《ただつぐ》配置、天正18年（1590）の家康関東移封による池田輝政《てるまさ》入城と続き、輝政時代に大規模な城や城下町の整備拡張をおこない、現在豊橋公園などに見られる城跡の基礎を築いた。江戸時代以後は、竹谷松平、深溝松平、水野、水野、小笠原、久世、牧野、大河内松平、本庄松平、大河内松平（再封）が代々在城した。

吉田城の縄張りは、豊川・朝倉川を背に、本丸を基点とし、二の丸、三の丸を配した半輪郭式の後堅固《うしろけんご》の城であり、円形の縄張りとして知られる田中城（藤枝市）とともに城郭ファンの間で注目を集めている。また、石垣に◯、△、トサなど多く

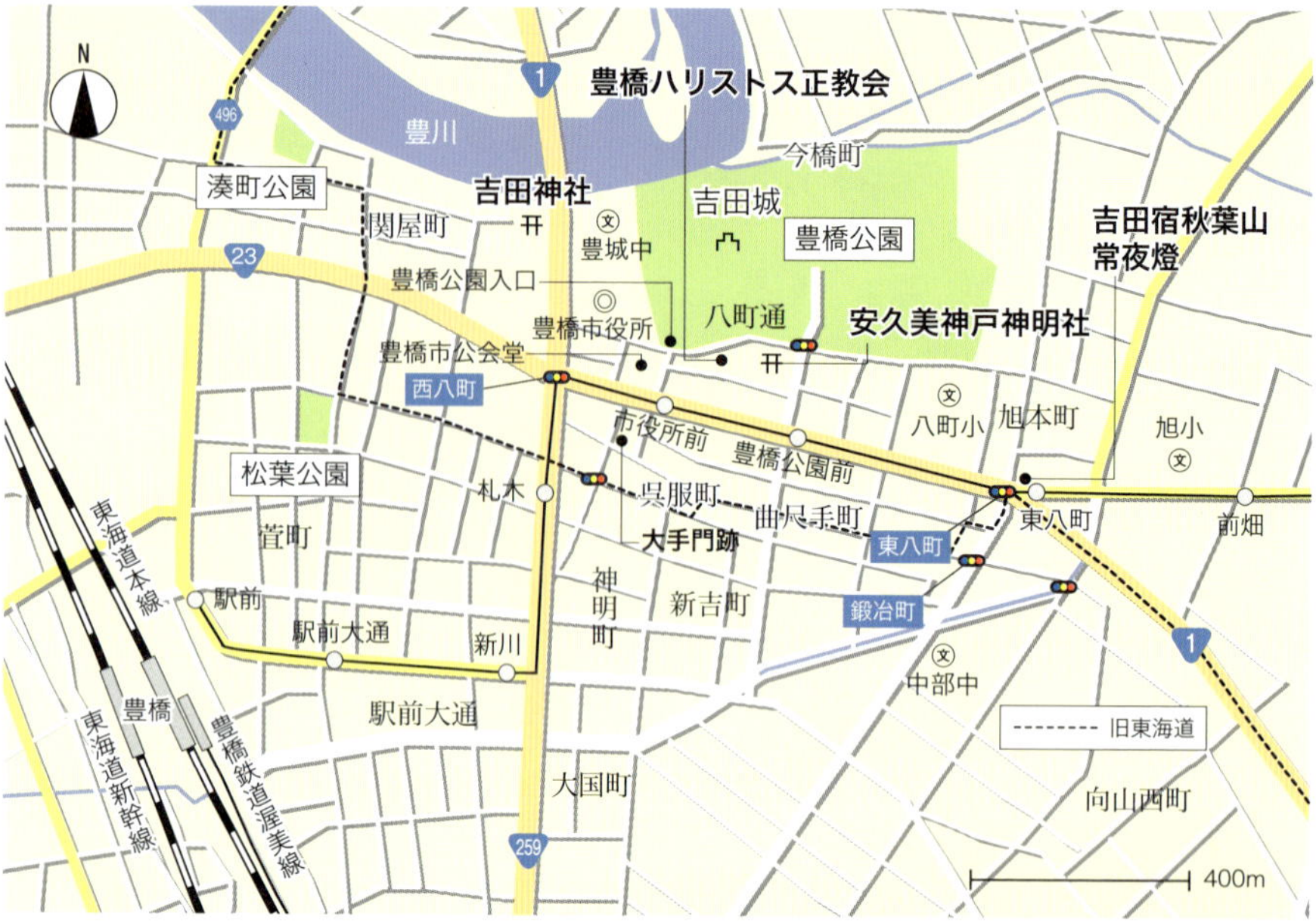

の刻印が施されていることでも知られ、じっくりと石垣を眺めれば現在も30程度は比較的簡単に確認することができる。散策とあわせて刻印探しもおもしろいのでは。

路面電車の走る街

それでは、豊橋公園入口（三の丸口）から散策に出かけてみよう。東に向かって延びる道はかつての堀で随所に角度をつけて折れ曲がっている。左に見える土塁は城の遺構で、やはり角度をつけ敵に対して死角をなくす工夫がされている。一方、右手にはエキゾチックなビザンチン様式の建物が見えるが、これが豊橋ハリストス正教会である。聖堂は現存する愛知県下の正教会中最古のもので県指定文化財となっている。

吉田城本丸二之丸略絵図
（豊橋市指定文化財・豊橋市中央図書館蔵）

【column】

街の奥深い歴史に触れる――豊橋市美術博物館と豊橋市二川宿本陣資料館

豊橋市美術博物館

豊橋市二川宿本陣資料館

緑豊かな豊橋公園（吉田城址）を散策していると、レンガ造りの建物が目に入ってくる。これが豊橋市美術博物館だ。昭和54年（1979）の開館以来、美術・歴史に関する幅広い資料を収集・展示している。

常設展は、美術資料、陶磁資料、歴史資料、考古資料、郷土玩具などをテーマを変えて紹介。このうち歴史資料は、吉田城の藩主遺品や文書・絵図、東海道関係資料、ええじゃないか関係資料などを展示している。ただし、常設展示室を利用しての企画展開催などにより見られない時期もある。

ところで、吉田は城下町であるとともに東海道の宿場町でもあったが、現在の豊橋市内には東海道の宿場がもう一つあった。吉田から約6㎞離れた二川宿で、ここには東海道筋で2カ所しか残っていない本陣を公開している、平成3年開館の豊橋市二川宿本陣資料館がある。資料館の常設展示では東海道、二川宿、本陣のコーナーがあり、江戸時代の街道、宿場などについて知ることができる。平成17年には隣接する旅籠屋「清明屋」を復原公開したことにより、大名の宿本陣と庶民の宿旅籠屋を同時に見学できる全国唯一の施設となっている。

◉豊橋市美術博物館
愛知県豊橋市今橋町3-1／9:00～17:00／月曜日（企画展中の月曜日が祝日の場合は翌日）、12/29～1/3休館／一般ギャラリーおよび常設展は無料、企画展は展示ごとに料金が違う／0532-51-2882

◉豊橋市二川宿本陣資料館
豊橋市二川町字中町65／9:30～17:00（入館は16:30まで）／月曜日（月曜日が祝日の場合は翌日）、12/29～1/3休館／大人400円／0532-41-8580

教会の東隣の松林が天下の奇祭鬼祭り（国重要無形民俗文化財）で知られる安久美神戸神明社である。江戸時代には城内（市民プール西側）にあり、城内神明宮などと呼ばれた。明治18年（1885）、社地が軍用地となり現在地に移転した。

鬼祭りは2月10、11日におこなわれ、クライマックスは赤鬼と天狗のからかいである。敗れた赤鬼が境内を出て町内を駆け回るときに、人々にタンキリ飴と白い粉を撒き散らす。見物人は真っ白になるが、粉をかぶると夏病みしないと伝えられる。

神明社から国道1号線に出てみよう。豊橋は、今では全国的にも少なくなった路面電車の走る街としても知られているが、ここはその中でもさらに珍しい1号線上を走っている区間である。

東に進むとやがて東八町交差点

である。現在は五差路となり交通量も多いこの場所は、江戸時代もやはり重要地点であった。北へ延びる道は本坂道、南方と東方1号線方面が東海道である。この交差点の北東側には文化2年（1805）建立の吉田宿秋葉山常夜燈がある。戦後、豊橋公園内に移築されていたが、平成13年、東海道宿駅設置400年を記念し江戸時代に立っていた付近に再移築された。

現在も残る江戸時代の町名

ここからは旧東海道を歩いてみよう。鍛冶町交差点を西に向かう道が旧東海道である。かつては古地図（右図参照）に見られるようにこの付近は多くの曲がり角が設けられていた。江戸時代の様子を残すものはないが、鍛冶町、曲尺手《かねんて》町、呉服町など当時の町名を多く残している。ちなみに江戸時代の吉田城下は24か町からなっていたが現在も8つの町名が残っている。

信号交差点を右折し、最初の十字路付近が大手門跡である。大手門については明治初年撮影の古写真が今に残っている。さらに進んで、再び国道1号線に出ると正面にロマネスク様式の豊橋市公会堂（国登録文化財）が見える。この付近は江戸時代には藩校時習館があった。

西八町交差点から1号線に沿って北

鬼祭り（豊橋観光コンベンション協会提供）

公会堂と市電（豊橋観光コンベンション協会提供）

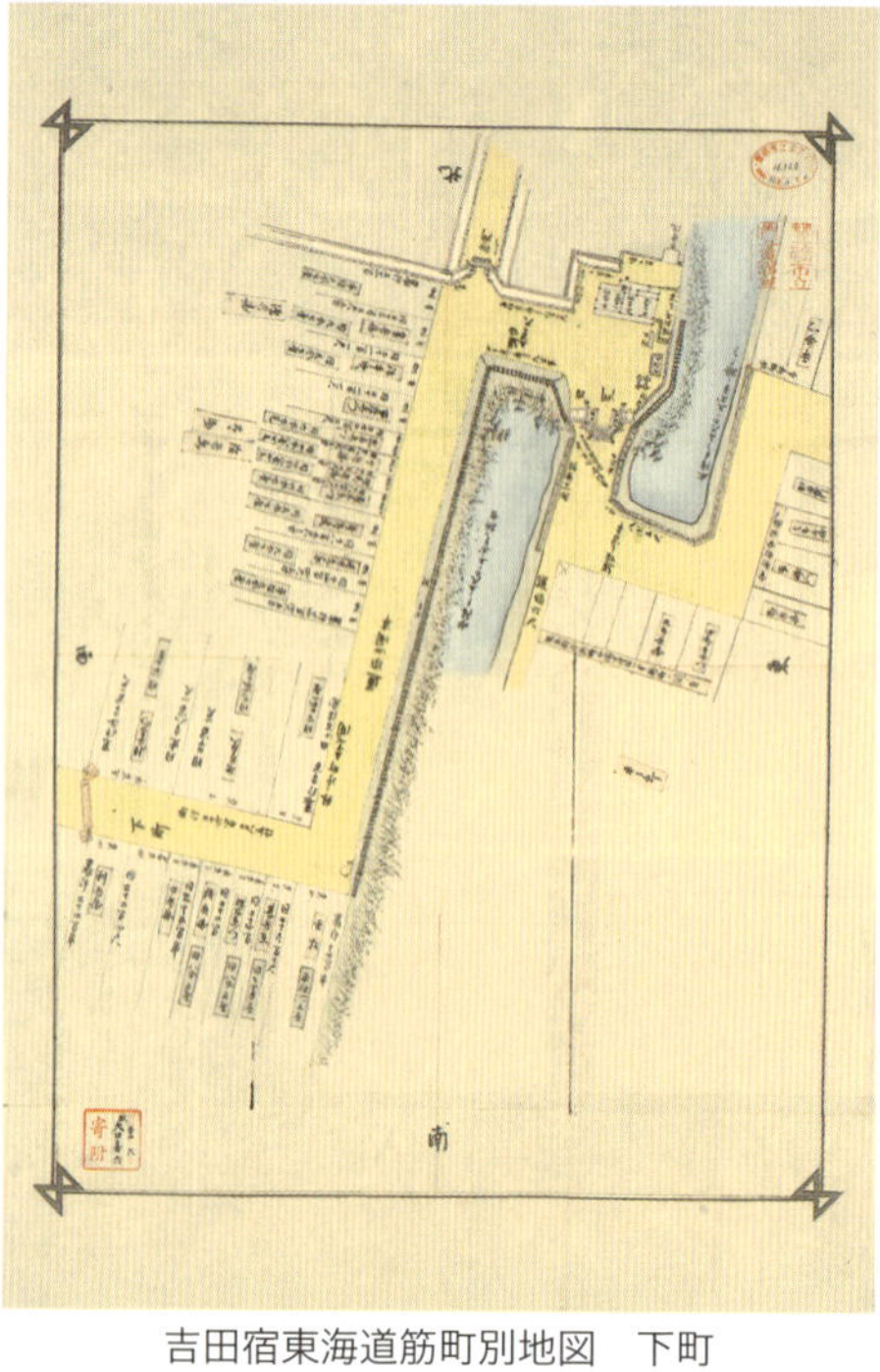

吉田宿東海道筋町別地図　下町
（豊橋市中央図書館蔵）

へ向かうと吉田大橋の手前、左手に祇園祭りで知られる吉田神社が見えてくる。現在は7月の第3金曜から日曜にかけておこなわれるこの祭りだが、現在のように花火が盛大になったのは元禄期（1688～1704）以降といわれている。豊川沿いに遊歩道を歩けば再び吉田城に戻ることができる。なお、国道1号線に架かる橋を吉田大橋というが、これは昭和34年に架けられたもので、ここから西の現在の豊橋付近にかけられていた橋が江戸時代の吉田大橋である。

　以上、吉田城と城下について簡単に紹介したが、築城500年となった平成17年には、鉄櫓《くろがねやぐら》石垣の整備と櫓の公開（日曜祝日10時～15時）を始めた。豊橋公園内には美術博物館もある。初めての方はもちろん、以前来たことがある方にもぜひもう一度見学してもらいたい城である。（高橋洋充）

【column】

豊橋市役所東館 13 階展望室

　吉田城と城下町散策の際にぜひ寄ってもらいたいのが豊橋市役所だ。なぜ？と思われる方も多いだろう。豊橋市役所は吉田城址内にあたり、東館は平成５年建設、いわば「平成の吉田城」。この東館の13 階展望室からは、城と城下町はもちろんのこと、遠く石巻山や三河湾を見ることができる。

　展望スペースは東西２カ所だが、南北方面も十分見ることができる。東スペースからは豊橋公園内の美術博物館、市営球場、陸上競技場が見えるが、これらはいずれもかつての吉田城域内になる。また、北に目を向ければ蛇行する豊川の流れが見える。西スペースからも同様に川の流れ、さらに吉田大橋、豊橋（かつての吉田大橋）が眺められる。

◉豊橋市役所（展望ロビー）
愛知県豊橋市今橋町１／8:30 ～ 17:15 ／無休／入館無料／ TEL0532-51-2111

展望室からの眺め

祇園祭り（豊橋観光コンベンション協会提供）

長篠城

戦国時代屈指の大合戦、長篠・設楽原の舞台へ

◉新城市　織田・徳川連合軍と武田軍が激突した長篠・設楽原。長篠城跡を起点に戦いの跡をたどる。

長篠城跡

武田軍が壊滅した戦い

東海地方で繰り広げられた戦国時代の合戦のなかで、もっとも重要な戦のひとつが、長篠《ながしの》・設楽原《したらがはら》の戦いだろう。その舞台となった長篠城は永正5年（1508）、奥三河の有力豪族であった菅沼元成《すがぬまもとなり》によって築城された。ここは東海地方と信州、甲州を結ぶ線上という戦略上の要地。東海地方の覇権を争う諸将にとってどうしても抑えたい地であった。

城主の菅沼氏は今川義元についていたが、義元没後は武田氏になびき、やがて各地で武田氏と戦を繰り広げていた徳川家康に攻め込まれて、追放されてしまう。家康は、長篠北西の作手《つくで》に拠点を構えていた奥平貞昌《おくだいらさだまさ》に長篠城を与え、三河攻略を狙う武田氏との対決に備えさせた。

合戦の始まりは、奥平氏入城2カ月後の天正3年（1575）5月8日。信州から南下してきた武田勝頼《かつより》は、近くの医王寺に本陣を置き、城を包囲して攻め立てた。このとき城にわずか500あまりの兵しかおらず、貞昌にとって状況は圧倒的に不利。しかし城は、寒《かん》狭《さ》川（豊川）と宇連《うれ》川の合流点という、攻略が難しい地にある。貞昌は一週間以上も持ちこたえ、最後まで城を守り抜いた。

この間、鳥居強右衛門《とりいすねえもん》が密かに城を脱出、家康の援軍を求めて岡崎城へと走る。これを受けた織田・徳川の連合軍は長篠方面へ急行、その手前の設楽原に陣を構えた。これに動揺した武田軍だが、軍義の末、連吾川《れんごがわ》の対岸に布陣。そうして5月21日の朝、決戦の火蓋が切って落とされた。火縄銃を用い

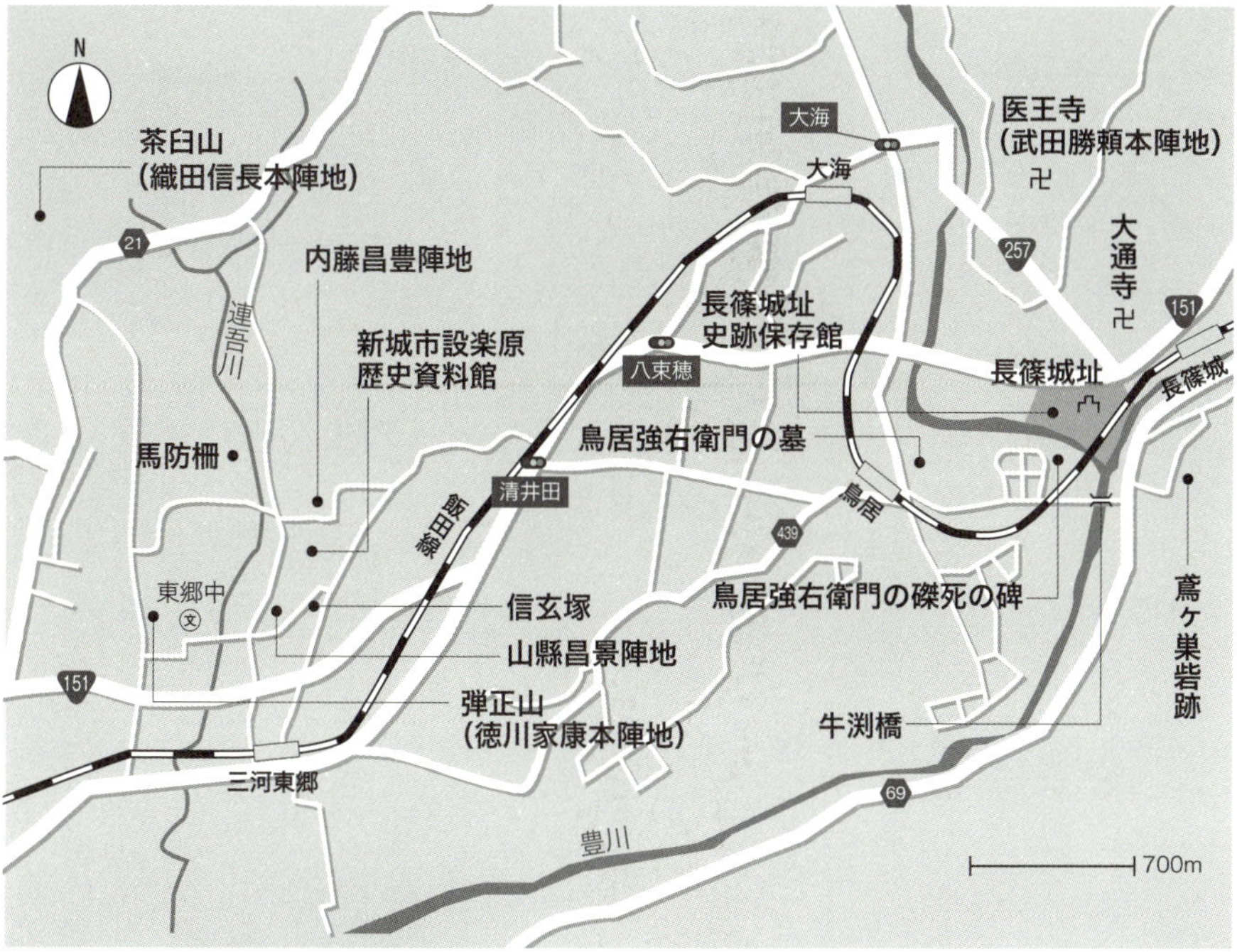

る織田・徳川連合軍に、旧来の騎馬隊で挑んだ武田軍は完敗。わずか半日ほどで戦いは終わり、勝頼の主な家臣は揃って討ち死に。勝頼は甲斐へと敗走した。

天然の要害に築かれた長篠城

長篠城址史蹟保存館

長篠・設楽原の史跡散策は、城跡にある長篠城址史跡保存館から始めよう。武田氏との戦いで使われた「血染めの陣太鼓」など奥平氏の遺品をはじめ、鳥居強右衛門にまつわる品々や城跡からの出土品などが展示されている。

城跡に残る遺構では、鉤型に折れた内堀が目を引く。内堀とJR飯田線で区切られた広場は本丸跡。毎年5月のゴールデンウィーク中に催される「長篠合戦のぼりまつり」では、本丸跡で火縄銃の実演がおこなわれ、多くの観客を集める。

長篠城内堀跡

国道151号を挟んで城跡のすぐ北にある大通寺は、武田方の武田信豊《のぶとよ》、馬《ば》場《ば》信房《のぶふさ》、小山《おやま》田《だ》昌行《まさゆき》らの陣地があった場所。織田・徳川連合軍との対決前の軍義では信房、山縣《やまがた》昌景《まさかげ》、内藤《ないとう》昌《まさ》豊《とよ》らが、勝算

牛渕橋から見た長篠城跡

医王寺

がないことを理由に決戦に反対したが聞き入れられず、戦いを前に寺の裏の湧水で別れの水杯を交わしたという。そのとおり設楽原で戦死した信房の墓は、城跡西の畑の中にある。

大通寺から８００ｍほど北の山あいにある医王寺の裏山は、長篠城攻めにあたって武田勝頼が本陣を置いたところ。境内には本陣跡を示す石碑や、片葉の葦伝説の阿弥陀池がある。これは決戦前夜、夢枕に立った老人に撤退を忠告された勝頼が、その老人を夢の中で斬りつけると、翌朝、池の葦がすべて片葉になっていたというもの。夢に現れた老人は葦の精だったと村人に囁かれたとか。

長篠城全体の地形を眺めるなら、２㎞ほど歩いて対岸へ渡り、県道の牛渕橋へ行くのがよい。ここからだと、切り立った崖の上に城があることがよくわかる。牛渕橋への途上には、鳥居強右衛門磔死の碑やその墓もある。

新城市設楽原歴史資料館

信玄塚の火おんどり

決戦の地、設楽原を歩く

両軍が激突した設楽原は、城跡から新城市街方面へおよそ5㎞の一帯。地形は当時からさほど変化がないので、合戦がイメージしやすいのではないだろうか。

設楽原の散策拠点は、武田軍が陣を敷いた丘陵地の中ほどにある新城市設楽原歴史資料館。ここは古式銃の展示数が日本一多い施設で、信玄を狙撃したとされる銃や日本最大の鉄砲など１２１点が常設展示されており、なかなかの見ごたえだ。

資料館の裏手には、信玄塚と呼ばれる二つの塚がある。信玄塚といっても武田信玄の墓ではなく、設楽原の戦いで死んだ兵士を村人が一カ所に集め、埋葬した場所。この塚をつくったとき、塚から蜂の大群が現れ、人や牛馬に襲いかかった。村人たちは武田軍の亡霊の仕業と考え、法要をおこない松明《たいまつ》に火を灯して供養した。毎年8月15日に信玄塚でおこなわれる「火おんどり」は、この故事に由来する供養祭である。大きな松明に火を付けて振り回すという、勇壮な行事だ。また、資料館の北には内藤昌豊、西には山縣昌景といった武田方主力隊の陣地があった。

資料館から丘を下りると見えてくる細い流れが、交戦ラインの連吾川。上流は須長集落から下流は国道151号付近まで、約2kmにわたる原野が先頭地で、織田・徳川連合軍は連吾川に沿って武田軍の騎馬隊を防ぐ「馬防柵」を築いた。弾正山《だんじょうやま》と呼ばれる丘陵の下に、その一部が復元されている。

一説では、当時のこのあたりには背丈の低い樹木しか生えておらず、信長が岐阜城から設楽原に向かう際、兵士たちに一本ずつ持たせ

【column】

長篠城を一望の鳶ヶ巣《とびがす》陣地付近

鳶ヶ巣砦跡下から長篠城址方面を望む

長篠城対岸の鳶ヶ巣山の中腹、牛渕橋から15分ほど登ったところに長篠城と周辺一帯を見渡せるポイントがある。本久集落の真上にあって、樹木で遮られないので眺望は抜群。設楽原は、奥に横たわる丘陵の向こう側にあって見えづらいが、このあたりの地形が一目でわかる。背後の山並みは、鳥居強右衛門が狼煙を上げた雁峰山《がんぽうざん》だ。

鳶ヶ巣山には、武田信玄の弟信実《のぶざね》と家臣の小見山信近の部隊が陣を構えていた。正面に長篠城の全貌を捉えることができ、監視場所としては好適だったことが今もよくわかるだろう。

ここでは設楽原での両軍激突に先立ち、激しい戦闘が繰り広げられた。信長が、武田軍を撹乱するため、明け方に酒井忠次《さかいただつぐ》に奇襲をかけさせたのである。後方の鳶ヶ巣山から上がった火の手と銃声に驚いた勝頼は、全軍に進撃を命じ、設楽原の戦いが始まったのである。

連吾川

たといわれている。この弾正山は家康の本陣、その南西の茶臼山《ちゃうすやま》は信長の本陣が置かれた。

この一帯は目印になる建造物が少なく、また陣地や墓所などのポイントは山の中にある例が多いので、初めての人にはわかりにくいかもしれない。史跡をきめ細かく巡るなら、資料館などで詳細地図を入手しておきたい。（内藤昌康）

馬防柵

【DATA】

◉長篠城址史跡保存館
新城市長篠字市場 22-1／9:00～17:00（入館は16:30まで）／火曜（祝日の場合は翌日・12/29～1/3 休館／大人 210 円／0536-32-0162

◉新城市設楽原歴史資料館
新城市竹広字信玄原 552／9:00～17:00（入館は16:30まで）／火曜（祝日の場合は翌日）・年末年始休館／大人 300 円／0536-32-0673

【column】

奥平貞昌のその後と新城城《しんしろじょう》

長篠・設楽原の戦いの舞台となった現在の新城市。この「新城」という地名は、天文元年（1532）に菅沼定継が石田の豊川河畔（JR 新城駅の南約 1㎞の地点）に築いた新城《しんじょう》がそもそもの起源。それより前に築かれた長篠城＝古城に対応する名称だ。この城は戦国期には消滅し、遺構はまったく残っていない。

新城城跡の碑と土塁跡

長篠・設楽原の戦い後、長篠城主の奥平貞昌はその功績を信長に賞賛され、「信」の字を授かり信昌《のぶまさ》となる。家康の娘亀姫をめとった信昌は家康の命により、合戦の翌年にもとの新城に近接する場所に城を築き、長篠城を廃城してそこに移った。この城を新城城《しんしろじょう》と呼び、「新城《しんしろ》」が地名として定着したのである。新城の中心市街地はその城下町として整備され、のちに信州街道や豊川舟運の物資中継地として大いに発展した。

信昌は在城 14 年ののち、関東へ拠点を移した家康とともに上州宮崎（現在の群馬県富岡市）に移る。以後、吉田城主池田輝政の家臣支配から幕府領を経て、慶長 11 年（1606）に水野氏が入り、新城藩が成立する。しかし、わずか 2 代 39 年で廃藩となり、以後は幕末まで幕府領に。新城城内に陣屋が置かれて、旗本菅沼氏が代々この地域を治めた。

新城城は、豊川と支流の田町川、幽玄川に囲まれた天然の要害に築かれた。現在の新城小学校校庭が本丸にあたり、校庭の隅に土塁の一部が残っている。

小牧山城

山全体が国史跡、信長ゆかりの山城

◉小牧市

織田信長が築城し、小牧・長久手の合戦で徳川家康の陣城ともなった古城跡。

小牧山遠景

　総面積約21ha、標高85・9mの小牧山《こまきやま》は、濃尾平野の中に浮かぶ緑の島のようで、山頂に建つ小牧城（歴史館）の存在もあって、小牧のランドマークとなっている。小牧山は、永禄10年（１５６３）に織田信長が築いた城跡で、天正12年（１５８４）の小牧・長久手《ながくて》の合戦では徳川家康軍の陣城ともなり、山全体が国指定史跡である。市街地の中の広大な緑地であるため、歴史を探訪する人のほかにも、自然に親しむ人、健康のために歩く人など訪れる人は多い。

大手道から山頂へ

　小牧山の登山口は数カ所あるが、正式な登城路である大手道は、南麓の小牧市役所本庁舎のすぐ西から登る道である。県道から直線的に斜面を登り、市役所の横を通り過ぎ、管理用車道と交差する右側に桜の馬場と伝えられている広場がある。

　さらにまっすぐ登り、右側をよく見ると土の高まりが続いている。土塁の痕跡である。直線的に登ってきた大手道は、中腹の土塁が途切れるところで、右に折れる。かつては直進する道はなかったが、現在では遊歩道がまっすぐ登っていくので、「歴史館」の案内標識を見落とさずに右折したい。

　いったん東へ直進し、屈曲しながら山頂へと登る。現在は樹木に覆われた自然の山になっているが、城があった当時は、人工的な姿をしていたことが、最近の発掘調査でわかってきた。中腹から上の大手道の両側では、各所に石垣や石積みの痕跡が発見されている。

　山頂の歴史館のすぐ下まで来ると説明板が立っている。ここで発掘によっ

て発見された巨石を使った石垣の痕跡の様子を解説している。山頂の曲輪を取り巻く斜面には、幅1～2mほどの巨石を使った石垣がめぐっていたことが判明した。高さは2m以上、これを2段に分けて積んでいるので、全体の高さは5m近くあったと推定されている。信長の築いた小牧山城は、当時としては最先端の石の城の外観をしていたのである。

小牧城（小牧市歴史館）外観

山頂の歴史館には、ぜひ立ち寄りたい。樹木が繁茂した小牧山からの眺望は限られるが、歴史館4階からの360度のパノラマは素晴らしい。信長や家康と同じように、天下人の気分で濃尾平野の眺望を楽しむと、ここに城が築かれたわけがよくわかる。

山頂西側の斜面には石垣が一部残っている。西側の階段を降りると途中に石垣がある。これが信長時代の石垣

山頂西にある信長時代の石垣

の一部である。階段を下りた右側に説明板があり、山頂をめぐる石垣の発掘の様子を紹介しているが、その奥にも、石垣が少し見えている。

搦手口から東麓の史跡公園へ

麓へ降りるルートはいくつもの遊歩道が整備されていて好きなルートを選べるが、大手道から登ったなら北側の搦手口へ降りるとよい。

北の麓に着くと、北側の出入口・搦手口があり、その両側は、家康軍が築いた長大な堤防のような土塁がよく残っている。高さ4mほどで小牧山の麓を一周して取り囲んでいた、現存する土塁は内側の土塁で、江戸時代以前は、さらに外側に幅12mくらいの堀とやや低い土塁が築かれていたことが古城絵図に描かれている。土塁や堀は、信長の時代にはなく、小牧・長久手の合戦の際、徳川軍が5日間で築造したという。

搦手口から土塁に沿って東へ歩くと駐車場との通路に透明なアクリルのケース内に土塁の地層を展示した施設があり、突貫工事で築造された土塁の構築方が見て取れる。ここから東の麓の芝生広場は、平成16年に完成した史跡公園である。かつて小牧中学校があった所で、学校が移転した跡地を、発掘調査成

【column】360度の眺望を満喫 ——小牧城（小牧市歴史館）

山頂にある小牧城（歴史館）は、昭和43年に篤志家が個人で寄贈した鉄筋コンクリート造3層4階建、高さ19.31mの模擬天守で、豊臣秀吉が聚楽第に建て、現在は京都西本願寺にある飛雲閣をモデルにしている。研究の進んだ現在では、信長当時に山頂にあった建物とは大きく異なると考えられている。

歴史館の内部は、郷土資料館となっていて、気持ちのいい木を多用した展示室で、小牧市の歴史が学べる。とくに2階の小牧・長久手の合戦コーナーでは、合戦の概要がジオラマと映像でわかりやすい。1階の織田信長の小牧山城や城下町コーナーでは、最近の発掘調査成果で小牧山城と城下町の様子を知ることができる。

歴史館のもう一つの自慢は、標高100mからの360度の眺望である。4階の回廊から、北西に岐阜城、北には地面にとけ込んで探しにくいが犬山城も双眼鏡があれば視認できる。濃尾平野を取り囲む山並みが一望でき、空気の澄んだ冬の休日など条件が良ければ、名古屋港に架かる伊勢湾岸自動車道名港トリトンまで識別できる。あまり知られていないが、おすすめは、ここからの夜景。普段は見ることができないが、さくらまつり、お月見まつりなど、年に数日の夜間開放の折には、ぜひ一度、訪れてみたい。

◉小牧市歴史館
愛知県小牧市堀の内1-1／9:00～16:30（入館は16:15まで）／大人100円、小人30円（小人は土・日・祝日無料）／木曜日（祝日の場合は翌日）、12/29～1/3休館／0568-72-0712

曲輪 402 土塁で囲まれた信長屋敷跡

土塁断面展示施設

小牧城下町
および小牧宿
推定範囲

果に基づいて復元整備した公園である。

信長の時代には、麓を取り囲むように幅2mほどの堀で囲まれた一辺45mくらいの武家屋敷が建ち並んでいた。その区画を、堀や植栽で表現し、屋敷地内部は芝生広場となっている。史跡公園の南西隅には、一辺75mほどの土塁で囲まれた小牧山で最大の屋敷地（曲輪402）があり、信長館の跡と推定されている。

信長が築いた城下町は、小牧山の南に東西1km、南北1・3kmの範囲に展開していた。発掘調査による解明が進み、原野に建設された城下町は、その後、岐阜、安土と発展し、大坂で完成する近世城下町の初源となる新しい形態の町であったことも判明しつつある。町は、建設から4年後に信長が岐阜へ移り、規模を縮小させるが、元和9年（1623）に尾張藩の命で、小牧山から東へ1・5kmの新しい木曽街道沿いに宿場町として移転するまで存続し、その後田畑となった。現在は、住宅や工場用地となって、城下町の昔を偲ぶものは残っていないので、移転した小牧宿へ向かおう。

小牧宿を通って小牧駅へ

小牧宿は、現在は小牧の中心市街地となっている。小牧山史跡公園の北東の橋を渡り、小牧駅に向かって東へまっすぐ進むと社叢の中に小牧神明社《しんめいしゃ》がある。この神社は、織田信長が小牧山に城を築いたとき、清須の御園《みその》神明社を分祀したのが始まりという。境内には山車蔵もあり、春の小牧祭、夏の秋葉祭には山車が出て祭を盛り上げている。さらに東へ進むと、左右に寺が続くが、一番東にある戒蔵院《かいぞういん》という火伏観音のある寺の山門脇に道標がある。「南名古屋」とあり、木曽街道は南からこの寺に突き当たって、門前で東へ折れ、現在のラピオビル南西交差点で北へ折れ、犬山や中山道方面へ向かっていた。ここから小牧駅はすぐそこである。（中嶋隆）

小牧神明社

戒蔵院

[column] いまも母屋が残る幕末の脇本陣跡――岸田家

小牧の中心市街地に、江戸時代の小牧宿の面影は、ほとんど残っていないが、戒蔵院から旧街道を南の名古屋方面へ約 400 mの下之町に、1800 年頃に建築された小牧市指定有形民俗文化財の「岸田家」がある。

幕末には小牧村の庄屋や脇本陣を務めた旧家で、瓦葺中 2 階建ての母屋が残っていて、出格子や障子張りの出入り口、屋根に祀られた屋根神など小牧宿当時の面影をよく残している。間口が広く、土間と 2 列 6 室の部屋を持つ大規模な町屋である。

平成 14 年に完成した保存修理工事により、母屋の改造の経緯も明らかになり、明治時代に改修された部分を元に戻し、天保年間の姿に復原されている。事前に予約をすれば、内部の見学もできる。

◉申込先：小牧市教育委員会文化振興課 0568-76-1189

西尾城

小京都の風情あふれる町並み

◉西尾市　昭和時代の町並みも色濃く残る。近代の歴史遺産も見て回りたい。

復元された丑寅櫓

三河三都とも呼ばれ、6万石の城下町として知られる西尾城の起源は案外古い。承久年中（13世紀前期頃）に有力な御家人である足利義氏が西条城を築城したと伝えられるが、この頃の城郭の様子はまったく不明である。

城郭が広く築かれたのは15世紀末のことだろう。発掘調査によって16世紀前半の溝などが確認されたのである。これは、吉良西条氏が応仁の乱で京都の館が焼失し西尾へ下向したのをきっかけに、本格的に西条城が使われ始めたことを示しているかもしれない。

永禄4年（1561）には酒井正親《まさちか》が入城、天正13年（1585）には酒井重忠が徳川家康の命で三河一国の国普請として大規模な増改築工事を実施した。田中吉政も天正18年（1590）に三の丸の構築などの大工事をおこなっており、これらの城普請によって西尾城は近世城郭として生まれ変わった。

その後、本多氏や松平氏など譜代大名などが入れ替わり入城し、太田資宗《すけむね》・井伊直之らが精力的に城郭の整備を進めた。明暦3年（1657）に総構えが構築されて、ようやく完成に至っている。

西尾城を上空からみる。森が本丸跡。
（西尾市教育委員会提供）

徐々に再建される西尾城

では、西尾城を本丸から順に巡ってみよう。西尾城は碧海台地が南へ突出した崖端に立地するため、本丸から南へは沖積平野を見下ろすことができ、天候がよければ伊勢湾の島々まで見えたという。本丸には御劔《みつるぎ》八幡宮《はちまんぐう》が鎮座し、周囲を塁で固め、東と北には今も水堀が残る。かつて四隅には櫓が建っていたが、現在は北東隅に丑寅櫓のみが再建され、西尾城のシンボルとなっている。

本丸の北に位置する二の丸には御殿があり、その北西隅に天守が存在した。天守の跡地は最近まで錦城《きんじょう》体育館があったが、現在は更地となっている。この部分を発掘調査した結果、近世西尾城以前の古い堀が発見されている。

一方、御殿の推定地は、京都の公家近衛《このえ》氏の旧邸が移築され市民の憩いの場となっており、その東には鍮石門が再建されている。旧近衛邸付近では、発掘調査により天正13年（1585）に構築されたと推測される丸馬出し（虎

天守跡地で発見された古い堀
（西尾市教育委員会提供）

旧近衛邸園地
（白砂部分が馬出しの堀跡）

尚古荘

口）が発見され、その堀跡の位置が旧近衛邸内の園路として示されている。

本丸の東には姫丸があり、現在は西尾市資料館が建っている。西尾小学校用地の西端には姫丸と東の丸を分ける水堀を見ることができる。東の丸南部では発掘調査により江戸時代の武家屋敷が発見された。西尾小学校の東には、昭和初期に米穀商岩崎明三郎《あけさぶろう》によって作庭された尚古荘《しょうこそう》がある。東の丸の土塁などの遺構を活かした庭園で、現在は一般に公開されている。

二の丸から北に進むと、北の丸と三の丸に至る。各曲輪を区切る堀は現在埋め立てられているが、わずかな凹みにその痕跡が残る場所もある。

城下町の面影

次に城下町を歩いてみる。西尾城下町は全体が外堀で巡らされており、城外とは分断されている。鶴ヶ崎門・追羽門・天王門・丁田門・須田門の5カ所に門が設置され、現在は石柱でその位置が表示されている。城下町の内部には武家・町人・百姓・寺社・畑などが混在していたらしく、町はかなり繁盛した。

大手門跡から北へ出ると、南北方向に中町と肴町の通りがある。須田町・本町・横町・天王町と合わせて「表六か町」と称され、近世後期では富裕な商人が軒を連ねた町並みであった。肴町から東に路地に入ると順海町通がある。唯法寺の住職の名前に由来を持つこの通りには、板塀などにその風情が今もよく残っている。中町の西側にはかつて侍屋敷が多くあり、寺院も見られる。馬場町にある盛巌寺は城主大給松平家の寺務を勤め、14代松平乗全《のりやす》の墓所となっている。

城下町を東に向かうと天王門跡に至る。この外側は碧海台地の崖際に相当

大手門跡

風情が残る順海町通

大給松平家ゆかりの盛巌寺

伊文神社

しており、崖下に外堀の名残をとどめる水路がめぐる。天王門の北に伊文神社が鎮座し、城下町の総鎮守に位置づけられている。この界隈では足軽屋敷が広がっており、西尾病院がある和泉町遺跡では、そこで使用された生活用品が多数出土している。

現在中央通りとなる横町と南北道路沿いの本町が交差する部分には康全寺《こうぜんじ》がある。康全寺は徳川家康が止宿し家康の「康」の字を賜って「西尾山康全寺」と改称したという由緒がある。本町からさらに南には須田町がある。西尾の城下町で最初にできた町並みと伝えられ、水運に恵まれた立地は旧幡豆郡地域の物資供給には便利だっただろう。

康全寺

三河の小京都

現在西尾は「三河の小京都」を標榜し、城郭建築が徐々に整備され、城下町としての町並みづくりも進められている。街路に立つ町並みを案内する人形もなかなか楽しい。

他の城下町でもそうだが、とくに西尾城下町の場合、昭和時代に繁栄した町並みが色濃く残されているように感じられる。油勘商店や西尾劇場など近代化の歴史的資産も見て回りたい施設である。（鈴木正貴）

【column】

先人たちが残した２つの資料館

西尾市資料館は、故杉浦喜之助の遺志により多額の寄付を受けて昭和 52 年 8 月に完成したもので、西尾の歴史や文化に関する展示や資料の収集、考古資料の調査、郷土学習の場としての活動などをおこなっている。西尾城に関する絵図や西尾藩主の手紙、西尾城二の丸御殿で使用していたという杉戸、西尾城跡内の発掘調査で出土した遺物などが展示されている。

一方、西尾市岩瀬文庫は、明治 41 年に西尾市須田町の実業家・岩瀬弥助が、本を通した社会貢献を志して創設した私立図書館として誕生した。戦後に西尾市の施設となり、平成 15 年 4 月に日本初の「古書の博物館」としてリニューアルし、重要文化財をふくむ古典籍から近代の実用書まで、幅広い分野と時代の蔵書 8 万冊余りを保存・公開している。

◉西尾市資料館
西尾市錦城町 229 ／ 9:00 ～ 17:00 ／月曜日・祝日の翌日・年末年始休館（展示替や燻蒸による臨時休館日）／無料／ 0563-56-6191

◉西尾市岩瀬文庫
愛知県西尾市亀沢町 480 ／ 9:00 ～ 17:00（閲覧室は 16:00 まで、申請は 15:30 まで）／月曜日（月曜日が祝日の場合は月火休）・年末年始・特別整理期間休館／無料／ 0563-56-2459

田原城

渡辺崋山の故郷

●田原市　豊橋駅から電車にゆられて30分。花の香りあふれる城下町へ。

田原城大手門

海に囲まれていた城

田原城は、渥美を統一した戸田宗光が三河湾支配のため文明12年（1480）に築いた。当初は、大きな砦くらいの規模で、城の周囲に海が入り込んでいたという。

天文16年（1547）のこと。戸田康光が人質の松平竹千代《たけちよ》（のちの徳川家康）を駿府へ送る任へ命ぜられるも、寝返って尾張の織田信秀《のぶひで》へ渡してしまう。怒った今川義元に攻められ戸田氏は滅亡、しばらく田原は今川に支配される。

桶狭間の戦い後、今度は成人した徳川家康が攻略。天正18年（1590）家康の関東移封のあとは、吉田（豊橋）城主になった豊臣方の池田輝政が城代に重臣伊木忠次《いぎただつぐ》を置く。現在残る城割は、伊木氏と、輝政が姫路転封後に領主となる戸田尊次《たかつぐ》（滅ぼされた戸田氏の支族）によってなされた。寛文4年（1664）には三宅氏が入封、城周辺を干拓して城下町を広げ、そのまま幕末を迎える。ちなみに、三宅氏の上屋敷が江戸城南西にあり、それが「三宅坂」の名の由来になった。

二の丸櫓

維新後、廃城令で田原城の建物は全部壊され外堀も埋められるが、大正時代に城跡が整備され、近年二の丸櫓《やぐら》と大手門が再建された。

城へは、豊橋鉄道三河田原駅から北へ10分ほど歩く。殿町交差点の櫓《やぐら》時計を左に回ると、短いが立派な堀が左右に広がる。大手門（通称桜門）をくぐって、正面に二の丸櫓、右手を上がり、広い本丸殿舎跡が現在は神社になっている。天守閣はもともとなかった。戻って二の丸跡には、市立の博物館がつくられている。1万2000石というが、なかなか壮大な城構えである。

櫓時計

郷土の誇り渡辺崋山

田原を語るとき、絶対に忘れてならないのが渡辺崋山《かざん》であろう。生まれは田原藩江戸屋敷。才を見込まれ、幼くして若様の学友となり、武士としては最高の出世道を歩む。40歳で家老職についてからは、藩政改革に尽力し、かの天保の飢饉でも一人の餓死者も出さなかった。加えてすばらしい絵と文を残す。とくに、苦しい家計を支えようと始めた絵画の才能は出色で、国宝「鷹見泉石像」や、寺子屋内を画いた「一掃百態図」は歴史教科書などでおなじみである。

学者である崋山は、蘭学にも強い関心をもった。それが災いし、高野長英《ちょうえい》などとともに投獄される（蛮社の獄）。放免されるも、その著書が幕政批判と判断され田原へ戻って幽居。藩に迷惑がかかることを恐れ、やがて自刃する。49歳の生涯であった。幕末の残念な歴史である。

渡辺崋山の銅像

渡辺崋山幽居宅

地元田原が崋山を敬愛する気持ちはきわめて強い。博物館も渡辺崋山の展示に大きなスペースを割き、見応えは十分である。城の西部「出曲輪《でくるわ》」跡には、崋山を奉った神社や、名を戴いた会館も建てられている。

整備された散歩コース

城下一帯に散策路がつくられ、それぞれ「城の道」「椿の道」「花の道」「鳥の道」「プロムナード」と命名されている（三河田原駅などで「田原ウォーキングマップを入手しよう）。どの道も趣《おもむき》があるが、市街地の西を歩く「花の道」は、小川沿いに気持ちよい遊歩道が続く。春先の菜の花をはじめ、桜並木やシ

権現の森

デコブシ群落など、四季それぞれの花々が咲き乱れる。途中の里山には、湿地植物が群生する池やゲンジボタル生息地もあって、興味をそそられる場所ばかりだ。のんびり歩いて1時間少々。終着地の権現の森は、山の麓にあるきれいな公園である。

城の方角へ戻り、渡辺崋山幽居跡が残されている池ノ原公園に立ち寄る。崋山像近くの立派な会館では、おいしい抹茶をいただける(一服300円)。そのまま東へ歩き、藩校だった成章館跡には小学校、木々の覆いかぶさる空堀跡を抜けると、正面に中学校がある。遠くに笑い声が聞こえた。ここで学ぶ子どもたちがうらやましい。

城周辺を巡ったのち、今度は「城の道」を駅まで下る。田原城惣門跡、からくり山車や大凧が展示されている田

【column】三河湾と太平洋を一望——蔵王山

足に自信のある方は、町の北にそびえる蔵王山へ登ることをぜひおすすめしたい。頂上に大きな風車の回るこの山は、豊橋鉄道の電車の中からも、市内のどの場所からも見られる田原のシンボルである。

散歩コースで言うと、「椿の道」の終点にあたる。裏側から車でも行けるが、先ほどの権現の森から照葉樹林帯を登って約45分。道端の草花に励まされつつ上がった頂上展望台の眺めに、必ず心を打たれることだろう。

田原城は、触れたように内海《ないかい》支配の拠点として、海に面していた城であった。城の周囲に「巴形《ともえがた》」に海が入り込んでいて、それが城の別名「巴江《はこう》城」の名の由来にもなっている。江戸時代に干拓が進み、現在は城跡に立っても海の臭いはしないが、ここから見ると当時の有り様まで手に取るようにわかる。足下に田原の町並み、北に目を向ければ自動車工場があり、どちらも背後に青い海が広がる。市街地に隣接してこれだけのビューポイントがある場所は、日本全国探してもなかなかないだろう。三河湾と太平洋が両方見え、晴れた日には、はるか富士山も目視できるそう。私が登った日も、太平洋を行く船がすぐそこに見えた。振り返れば蒲郡の山々や、豊橋の港もくっきりわかる。

柔らかい風に吹かれながら、時間を忘れてただずんだ。「日本夜景百選」にも選ばれている夜の眺めは、さらにすばらしいそう。カップルの有名なドライブコースというが、うなずける気がした。

原まつり会館を回る。そのまま寺下通へ入れば、江戸の風情を味わうことができる。道沿いに由緒正しい寺院が4つ並び、いちばん駅寄りに位置する城宝寺には渡辺崋山の墓もあって、参拝者の絶えることがない。

ここから駅を越えた「鳥の道」も、一味違った風情がある。干潟に続く汐川沿いのコースは、さまざまなモニュメントに彩られ、季節それぞれの鳥を横目に見ながら30分ほど足が進む。終点の大きな広場では、2と7のつく日に朝市（二・七市）が開かれて、多くの買い物客で賑わう。（日川好平）

田原まつり会館　からくり山車

【DATA】

◉田原市博物館
田原市田原町巴江11-1／9:00～17:00（入館は16:30まで）／月曜（祝日の場合はその翌日）、年末年始休館／大人210円／0531-22-1720

◉田原市民俗資料館
田原市博物館と同じ／無料

◉田原まつり会館
田原市田原町稗田17／9:00～17:00(入館は16:30まで)／月曜（祝日の場合はその翌日)休館／無料／0531-22-7337

駿府城 巽櫓と東御門（静岡市）

静岡

東海の城下町を歩く

駿府城

徳川家康が最も愛した居城

◉静岡市　今川・徳川氏が築き上げた城下町に点在する古寺名刹を訪ねる。

県庁展望台より見た駿府城跡

三方を山に囲まれ、南は陽光きらめく駿河《するが》湾に面した静岡市は、一年を通じ温暖で、富士山を望む日本平などの景勝地も多い。徳川家康は、人質時代の幼年期をここで過ごし、五カ国を領有する大大名として町を完成させ、さらに隠居城として豪華絢爛な七重天守を築き、その遺骸は久《く》能山東照宮《のうざんとうしょうぐう》に葬られた。最後の将軍徳川慶喜《よしのぶ》も、明治維新後静岡の町に移り住み、写真機片手に町を闊歩し、「けいきさん」と呼ばれ親しまれたという。

駿府《すんぷ》の町の基礎を築いたのは、守護今川氏で、戦乱が続く戦国の世にあって、京風の今川文化が花開き、平和が満ちる町であった。今も、街中に残る今川、徳川の足跡を駿府城と共に紹介しよう。

駿府城本丸跡の家康像

駿府の象徴・駿府城

駿府城は、天正13年（1585）駿河・遠江《とおとうみ》・三河三ヶ国支配の拠点として、徳川家康が今川館の跡地に築城したという。同18年、家康移封を受けて入封した中村一氏《かずうじ》が大改修を実施し、金箔瓦が輝く絢爛な城を築きあげた。慶長12年（1607）、大御所《おおごしょ》となった家康は、駿府の地に隠居城の築城を開始した。天下普請で進められた築城工事は、完成間近に失火により全焼、ただちに再建工事が開始され、同13年にはほぼ完成を見ている。

駿府城天守は、天守台石垣上には直に建たず、巨大な天守台を天守曲輪とし、四方に隅櫓と多聞櫓を巡らし、その中央の平場から建ち上がる前代未聞の天守であった。さらに、屋根には銅瓦、鉛瓦という我が国初の金属瓦を使用し、まさに大御所・家康にふさわしいものであった。

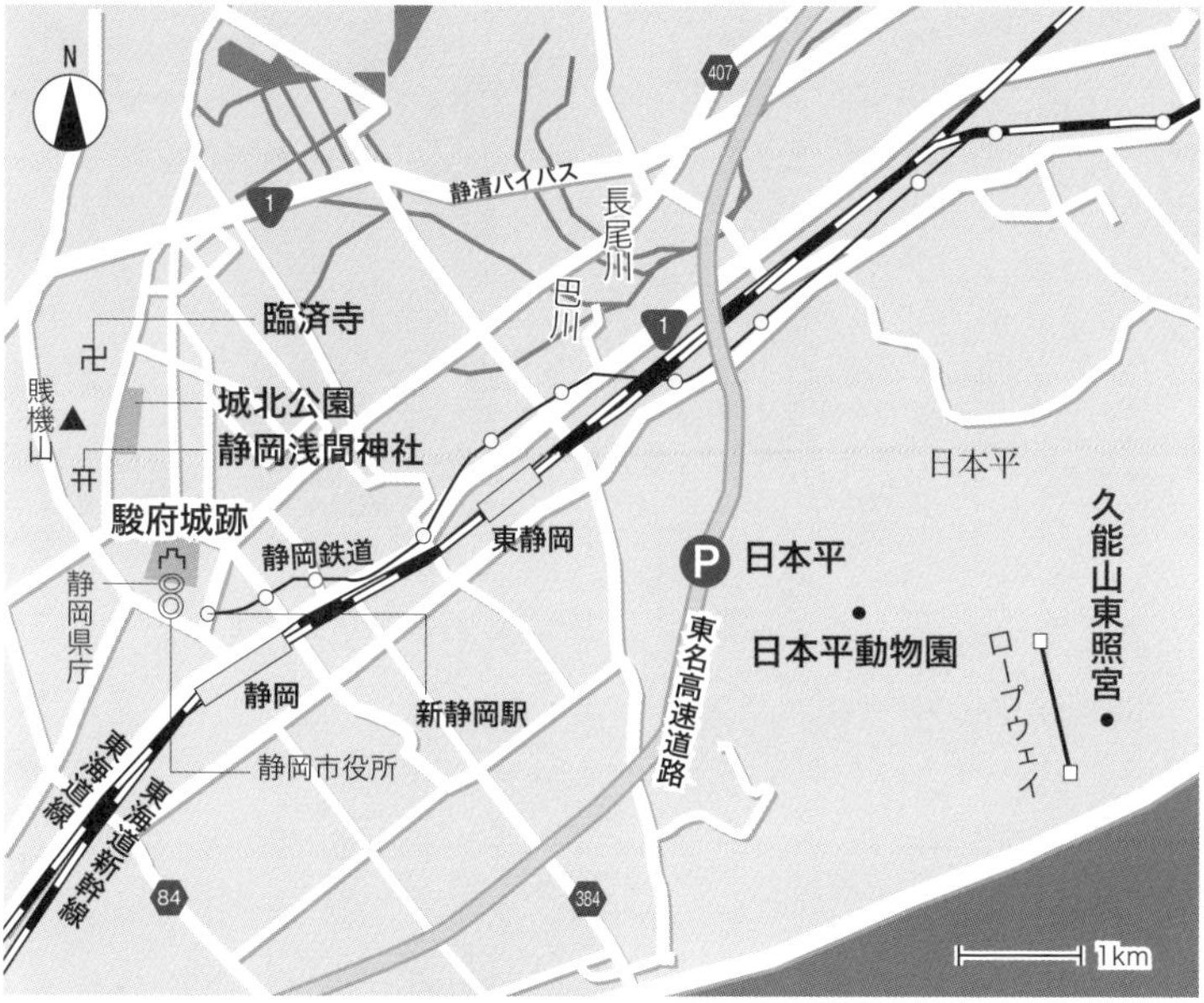

現在の駿府城は、二の丸・本丸が駿府公園となっており、巽櫓《たつみやぐら》、東《ひがし》御門《ごもん》が復元公開されている。また、未申《ひつじさる》櫓台が整備され、同櫓の復元も検討されている。本丸堀は、大部分が埋め立てられてしまったが、一部発掘調査で検出された状態を公開している。

また、中堀（二の丸堀）とを結ぶ二の丸水路は、本丸堀（内堀）と二の丸堀を結ぶ水路で、本丸堀から四回折れて、二の丸堀へと続く、水位調整も兼ねた特異な形状の堀であった。

駿府城 二の丸水路（西より）

駿府城 巽櫓西横の慶長期の石垣

度重なる地震の被害によって、慶長期から現代に至るまで石垣は何度も修復が施され、さまざまな積み方が見られるが、巽櫓東側の石垣が、城内最古の家康段階の石垣で、見事な打込ハギとなっている。三の丸堀北側から西側にかけて、水堀と石垣が旧状をよく留めており、折れを多用した外郭ラインの防御構造がわかりやすい。

三の丸堀西隅の櫓台は、駿府城に現存する最大の櫓台で、圧倒的な規模である。

また、大手門跡

駿府城三の丸北西隅櫓台

も残り、礎石が平面表示されているため、その規模に驚かされる。
　城の全体像を見るには、無料公開されている県庁別館の最上階がお勧めである。ここから駿府城跡が一望され、内堀と中堀の軸と外堀の軸が異なっていることが実感されよう。東に、箱根外輪山から富士山の雄姿が、西に安倍川から宇津谷《うつのや》の峠が、南に駿河湾までの眺望が開け、まさに駿府の町全体を見渡すことができる。

城下町に残る寺社仏閣

駿府城下には、著名な寺社仏閣が多く残されている。中でも、ここはという名刹を紹介しよう。宇津谷峠の手前に位置するのが、吐月峰柴屋寺《とげっぽうさいおくじ》で連歌師・宗長《そうちょう》が草庵を結び余生を送った寺で、銀閣寺を模したと伝わる枯山水の庭園が残り、七曜石と、宗長が月を出るのを座って待った月見石などが見られる。師である宗祇《そうぎ》と並んで建つ宗長の墓も、忘れずに見ておきたい。

　柴屋寺に隣接するように建つ誓願寺《せいがんじ》は、源頼朝の両親追善のため建立された。天文年間（1532〜55）に戦火で類焼したが、駿府進出を果たした武田信玄が再建。大坂冬の陣にあたって、豊臣家重臣片桐且元《かつもと》が、京都方広寺の鐘に刻まれた「国家安康」の文字について駿府城の家康に申し開きのためこの寺に滞在した。子孫によって建てられた且元夫妻の墓が境内に遺されている。

　駿府城の北側に位置する臨済寺《りんざいじ》は、今川義元の養育係であり軍師でもあった太原崇孚雪斎《たいげんそうふせっさい》が住職となり、今川家の庇護を受けることとなった。今川氏の人質となっていた幼少時の徳川家康が教育を受けた所でもある。武田信玄の駿河侵攻により焼失したが、徳川家康により復興。庭園等も残されているが、現在、禅宗の修行寺として内部への拝観はできない。

　家康が、元服式をおこなったといわれるのが浅間《せんげん》神社で、今川氏・駿府館の詰城があったとされる賤機《しずはた》山の南山麓に位置している。今川、徳川氏の庇護を受け、寛永・文化年間に大造営がおこなわれ、以降幕府の祈願所となった。貝原益軒《かいばらえきけん》の『吾妻路之記』には「神社の美麗なる事、日光を第一とし、浅間を第二とす」とあり、東海の日光とも呼ばれ、華麗な建築群が数多く残されている。現在の社殿群は、文化元年（1804）から60年余の歳月を費やし完成させたもので、当時の金額で実に10万両もの巨費が投入されたという。

　浅間大社と並び豪華絢爛な建物群が残るのが久能山東照宮である。駿河湾に面し、周囲が浸食谷の崖地形をなす久能山（標高216m）には、飛鳥時代に久能寺が建立され、行基《ぎょうぎ》も訪れたという。駿河に進出した武田信玄が、この地の要害性に着目し、寺を移し、城を築いている。武田氏滅亡後は家康の領有するところとなった。隠居し、大御所となった家康は駿府城を築くが、久能山城の重要性をしばし説いたともいわれる。元和2年（1616）家康が死去すると、遺命によりその日の夜ただちに遺体を久能山に移し、葬儀を執行し埋葬した。翌年、二代将軍秀忠《ひでただ》によって社殿が造営され、東照社と称す。その後、三代家光が日光東照宮を造営、ここから御霊の一部を移したとされる。50年に一度、社殿をはじめとした諸建造物の漆塗り替えがおこなわれており、平成18年に社殿の塗り替えが完了。駿河湾の陽光を受けて、金色と朱・緑に輝く社殿群が、まばゆいばかりに光っている。

　駿府の街は、徳川家康ゆかりの史跡も多いが、3カ国の守護として君臨し、今川文化と呼ばれる京風な文化を育て上げた今川氏関連の史跡も多く残る。城下町こそ、都市化の波によって姿を失ったが、中央部に今も残る巨大な駿府城跡と点在する古寺名刹が往時の華やかな街の姿を今に伝えている。

（加藤理文）

臨済寺　山門より大方丈を望む

久能山東照宮 拝殿と本殿を見る

【DATA】

◉駿府公園　東御門・巽櫓
静岡市葵区駿府公園 1-1 ／ 9:00 ～ 16:30（月曜休、祝日・休日にあたる場合は開館）／／大人 200 円／ 054-251-0016（茶室管理事務所）

◉吐月峰柴屋寺
静岡市駿河区丸子 3316 ／ 5 ～ 10 月は 9:00 ～ 17:00、11 ～ 4 月が 9:00 ～ 16:00（年中無休）／大人 300 円／［交通］JR 静岡駅～しずてつバス藤枝行・吐月峰入口下車／ 054-259-3686

◉誓願寺
静岡市駿河区丸子 5665 ／ 9:00 ～ 17:00（不定休）／大人 300 円 ／［交通］JR 静岡駅～しずてつバス藤枝行・二軒家下車／ 054-259-8611

◉久能山東照宮
静岡市駿河区根古屋 390 ／ 9:00 ～ 17:00（10 ～ 3 月は～ 16:00）／社殿・博物館共通　大人 650 円／ 054-237-2438

浜松城

若き家康が駆け抜けた町

◉浜松市　江戸幕府300年の礎を築いた徳川家康の旧跡を巡ろう。

浜松城復興天守

全国で2番目に広い面積を有する浜松市は、豊かな自然に恵まれている。北には、南アルプスが連なり、東に暴れ天竜の名を持つ大河が流れ、南に広大な砂丘と陽光きらめく遠州灘《えんしゅうなだ》が広がり、西は遠江《とおとうみ》の地名を生んだ浜名湖が横たわる。冬は「遠州のからっ風」と呼ばれる季節風も吹くが、1年を通じて温暖で、風光明媚と呼ぶに相応《ふさわ》しい。

引馬《ひくま》（曳馬）と呼ばれたこの地に城を築き、浜松と名を改めたのが、江戸幕府300年の礎を築いた徳川家康その人である。29歳から45歳まで、実に17年間を過ごし、関連する旧跡は極めて多い。その居城であった浜松城を中心に、家康にまつわる場所を案内しよう。

浜松城と三方原合戦

永禄12年（1569）、遠江制圧にほぼ成功した家康は、翌元亀元年（1570）、三河・遠江2カ国支配の拠点とするため、東海道と当時の天竜川が交差する渡河地点「ひくま」宿を見下ろす西側に城地を求めた。中世引馬城を取り込み、城域を西丘陵上に拡張したのが、遠江支配の要・浜松城である。

城跡には、野面積みと呼ばれる古式の石垣が残されているが、これは天正18年（1590）に入封した豊臣配下の堀尾吉晴《よしはる》の手によったものになる。家康時代の城は、一地方領主の域を脱することはなかった。豊臣政権の意を受けた堀尾氏が、大改修を実施し、石垣・天守を持つ近世城郭を完成させたのである。関ヶ原合戦後、城は再び徳川氏が領有、譜代大名が入れ替わり城主と

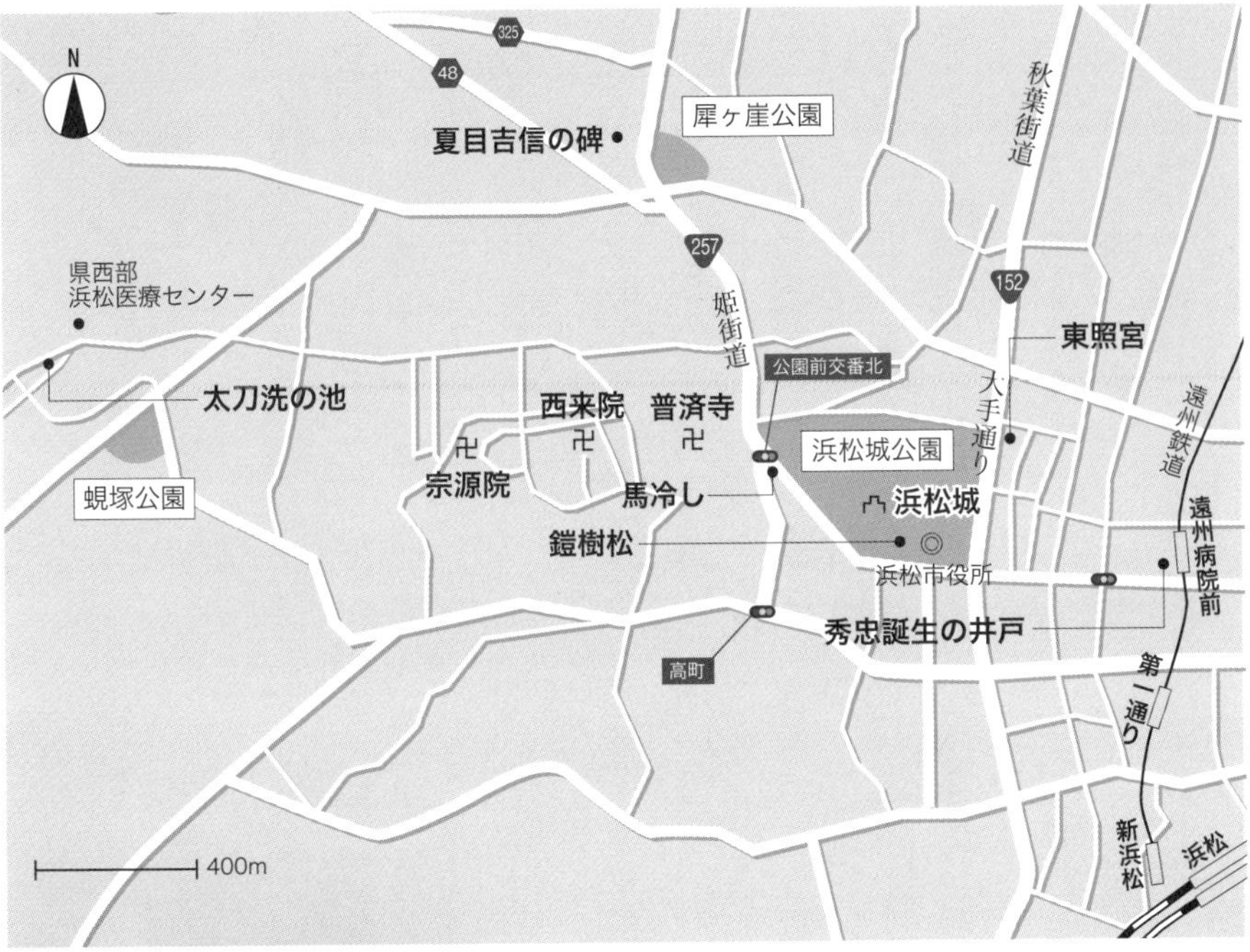

なり、うち6人が老中にまで登り詰めた。幕閣の登竜門となった城は、江戸期を通じ「出世城」と呼ばれることになる。

昭和33年（1958）、出世城復活を望む市民の熱意が実を結び、鉄筋コンクリートで天守が復興された。天守最上階からは、市内はもとより遠く磐田原台地、小笠山までも見渡すことができる。ゆっくりとすばらしい眺望を楽しみたいものだ。

家康の生涯で最大の敗戦となった三方原《みかたがはら》合戦は、元亀3年（1572）に勃発。武田軍に大敗を喫し、城に逃げ帰った家康は、大きな松の木陰に疲れ果てた身体を横たえた。その時、鎧を脱いで松に掛けたため、以後鎧掛松と呼ばれ、今も市役所別館前に残る。また、馬の身体を冷やした場所が「馬冷やし」で、松城《まつしろ》町内に石碑が建っている。この合戦は夜まで及び、追撃した地理不案内の武田軍は、侵食谷を知らずに足を踏み外し、転落者が続出し、大損害を被った。犀《さい》ヶ《が》崖《がけ》と呼ばれ、今も深く大きな崖に圧倒されてしまう。資料館も併設され、合戦の史料が展示されているので、立ち寄りたい。

家康鎧掛松

犀ヶ崖古戦場の石碑

夏目吉信の碑

古戦場の一角には「夏目吉信《よしのぶ》の碑」が建っていた。彼こそが、主君家康の兜を被り身代わりとなって討死にした三方原合戦における最大の忠臣だ。

普済寺と悲劇の正室・築山御前

普済寺《ふさいじ》は、遠江における曹洞宗の拠点で、西遠江の同宗寺院のほとんどを末寺《まつじ》としている。日本３大稲荷の一つ豊川稲荷（愛知県豊川市）も末寺にあたる。寺島町に創建された随縁寺を、永享４年（１４３２）に現在地に移し名を改めた。三方原合戦の兵火によって炎上、その後家康により再建され、幕府からも庇護を受け続けた。現存建物の大部分は、昭和20年（１９４５）焼失後の再建ではあるが、往時の寺勢を偲ばせている。

普済寺　門と本堂

西来院《せいらいいん》は、家康の正室・築山御前《つきやまごぜん》の廟所のある禅刹で、墓碑には清池院殿の法号が刻まれ、月窟廟内に安置されている。ここには、家康の異父弟松平康俊《やすとし》の墓も残る。春になると藤の花が咲き乱れ、訪れる人も多い。

西来院　月窟廟入口門

今川義元の庇護を受け、自身が開基として堂塔伽藍を再建した寺が宗源院《そうげんいん》で、普済寺13派に数えられる。義元、および嫡男氏真の判物《はんもつ》が残り、今川氏との強い繋がりを伝えている。また、成瀬正義、外山小作《こさく》正重、遠藤右近大夫ら三方原合戦における徳川方の戦没者の墓もひっそりと残されている。これら三寺院は、５００ｍの範囲内に連なっており、併せて見学することが容易であろう。

宗源院　成瀬正義、外山小作正重、遠藤右近大夫の墓

少し離れてはいるが、築山御前の悲劇を伝える場所へも足を運んでみたい。築山御前は、今川家に連なる名家の出で、16歳のとき家康に嫁いだという。桶狭間で義元が討死にすると、家康は織田信長と同盟したため、御前は微妙な立場に追い込まれた。信玄死後、嫡男信康《のぶやす》と共に武田家との内通を疑われ、岡崎城から浜松城へと護送。途中の佐鳴《さなる》湖畔の小薮で待ち伏せした家康の家臣により、38歳の生涯を閉じている。天正７年（１５７９）、強い日差しが照りつける８月のことであった。この

【column】
二俣城に残る天守台

静岡県内には、４つの天守台が残されている。掛川城、横須賀城（以上掛川市）、二俣城、浜松城（以上浜松市）だ。中でも、最も往時の姿を留めているのが二俣城天守台になる。かつては、大久保忠世が建てた天守台と考えられていたが、城郭研究の進展により、豊臣系大名堀尾吉晴の弟・宗光の手によったことが確実となった。

二俣一夜城

天守台は、高さ約5m、石垣上の平面は10m×10mと極めて小さい。現存する丸亀城（香川県丸亀市）とほぼ同規模になる。石垣は、浜松城と同じ石材・圭岩の自然石を用い、積み方も石材の長辺側を横位に置く、豊臣段階の特徴を残し、隅角部も石材の長辺を交互に配置するという算木積みが完成する前段階を示している。天守台へは、本丸から続く石段が残るため、ここが入口となる。だが、石段は、途中の踊り場までは続くが、突如途切れてしまう。では、いったいこの天守へはどう入ったのであろうか。

おそらく5㎡ほどの踊り場がある箇所に付櫓が配され、この付櫓内に木製の階段を設け、ここから天守１階へと登っていく構造だったのであろう。天守に関する史料はまったく残されておらず、姿かたちは判然としない。だが、市民の天守への思いは熱く、昨年（2009年）国民文化祭に併せ、わずか１週間のみプレハブ工法で復元された。部材は解体後、倉庫に保管され、再び一夜城として甦る日を、一日千秋の思いで待ち続けている。

秀忠誕生の井戸

太刀洗の池跡

時、血の着いた太刀を洗った池が、後年「太刀洗の池」と呼ばれ、今も、石碑が残されている。

浜松城の前身・引馬城跡は、現在東照宮の境内地となり、わずかに土塁の痕跡が城跡の様子を伝えている。近くの常盤町内には、二代将軍秀忠誕生の井戸も残る。秀《ひで》忠《ただ》の母は、西郷局で、浜松城に奉公に出て、家康の目にとまった。この井戸の側には、かつて誕生橋があり、その西側が誕生屋敷と呼ばれていた。

紹介した旧跡は、城を中心に2㎞内外に点在する。若き家康が天下を夢見て駆け抜けた街を、名物の鰻と共にゆっくり味わいたい。

（加藤理文）

掛川城

水陸交通の要に位置した城下町

◉掛川市　城内最大の見所は江戸時代後期に再建された二の丸御殿。

掛川城　復興天守を臨む

室町時代の連歌師・宗長《そうちょう》は、『宗長日記』に「この城をめくりて大成川（逆川）あり、仍懸川といふにや、東西都鄙の大道なり」と記している。戦国期の掛川は、水陸交通の要衝として極めて重要な地であった。東海道が往来し、河川交通は、逆川《さかがわ》から太田川を経由し遠江《とおとうみ》の拠点港・浅羽《あさば》湊へと通じていた。

今川支配下においては、重臣・朝比奈《あさひな》氏が城を築き、前進拠点とした。家康が、関東に移封されると、豊臣配下の山内一豊《かずとよ》が5万石で入城し、近世城郭を完成させ、城下を含めた現在の町の基礎を築き上げたのである。

平成の大合併で、大東町・大須賀町が掛川市となり、高天神城《たかてんじんじょう》と横《よこ》須賀城《すかじょう》が所在する市へと変貌。「魅力的な三城めぐり」が、市の観光の中心となっている。

聳え立つ木造復元天守

JR掛川駅の正面に位置する掛川城は、天正18年（1590）山内一豊によって、それまでの中世的な土造りの城から、石垣・天守を持つ近世城郭に生まれ変わった。地震の多い地域だけに、度重なる被害を受け、その都度修復が実施された。嘉永4年（1851）の絵図では、下見板張りの三重天守として描かれている。現在城跡に見られる天守は、平成6年木造で復元された天守で、それにあわせ周辺域の整備も実施。本丸から天守曲輪へ続く、つづらに折れた通路は発掘調査で検出されたものである。天守曲輪に残る井戸は霧吹井戸と呼ばれ、万が一の際は、ここから霧が噴出しあたり一面をおおってしまうと伝わる。

城内最大の見所は、重要文化財の二の丸御殿で、我が国現存四御殿の一つである。嘉永7年（1854）の地震により倒壊したため、時の城主太田資功《すけかつ》によって、安政2年（1855）から文久元年（1861）にかけて再建。玄関と大書院（対面所）、小書院（藩主の執務室）、目付《めつけ》や奉行《ぶぎょう》等が藩内の政務を執った部屋が残り、北側に付設していた台所部分のみ失われてしまった。内部は、畳を敷き詰めた多くの部屋が連なり、襖によって仕切られている。玄関から右回りに一周すると、藩の公的機関として利用された部屋、藩主の私的な空間、役人たちの執務室とまったく異なる用途の部屋が並んでいる。当然のことであるが、部屋の大きさや明るさ、襖絵、床、天井、金具と、細部の意匠までもが、違っている。封建社会の身分制度が実感される建物である。

掛川城　二の丸御殿と天守

掛川城の遺構を訪ねて

静岡県下に唯一残る櫓門が、掛川城玄関下門で、袋井市の油《ゆ》山寺《さんじ》に移築現存している。万治2年（1659）に井伊直好《なおよし》が造営した総二階建の櫓門で、一階は白木造、二階が漆喰塗籠《しっくいぬりごめ》で、重要文化財となっている。廃城後に払い下げを受け山門とし改変を受けていたが、解体修理に際し旧状に戻された。

また、城下の円満寺（西町）に、

蕗門《ふきもん》も移築現存している。発掘調査で確認された大手門は、現道直下となるため、位置を50mほど南にずらし木造復元された。付属する番所は、廃城後民家として利用されていたが、移築整備された往時の建物である。なお、下台所跡に明治36年（1903）に建立された大日本報徳社大講堂は、明治期の貴重な巨大建築遺構で、木造2階建て、伝統的な和風建築の中に、半円アーチの窓や漆喰細工の柱型という洋風デザインを取り入れた特徴ある建物で、大日本報徳社の中心建物である。

掛川城　蕗の門（正面）

掛川城　復興大手門

報徳社大講堂を見る

高天神城と横須賀城

平成の合併により、新たに国指定史跡二城が掛川市となった。「高天神を制する者、遠江《とおとうみ》を制す」といわれた高天神城は、標高132mの鶴翁山《かくおうざん》に築かれた山城で、鞍部を挟んで東西両峰に曲輪が展開する一城別郭《いちじょうべっかく》の城で、武田軍と徳川軍による遠江攻防の舞台となった。元亀2年（1571）、武田信玄の猛攻にも落城することなく、難攻不落と呼ばれたが、天正2年（1574）、その子勝頼の執拗な攻撃で、ついに降伏し、武田方の城となった。勝頼は、直ちに西峰の堂の尾曲輪の大改修を実施し、遠江の橋頭《きょうとう》堡《ほ》とした。喉元に匕首を突きつけられた形となった家康は、長篠合戦以降、武田方の城を次々と奪還し、高天神城を孤立させていった。同九年に、城を取り巻くように六砦を築き、完全に包囲。激しい攻防の末、城は落城。家康は、城のすべてを焼き払い、廃城となったのである。

今も、城内のあちこちに堀切や横堀、土塁が残り、土造りの城の防御構造が堪能される。なんといっても、周囲を断崖絶壁と深い谷に囲まれた天然の要害といわれた地形に驚かされてしまう。本丸、御前曲輪からの眺望は開け、遠州灘が眼下に広がる。この地形と眺望を我が物とするため、武田・徳川両軍が壮絶な戦いを繰り広げたのであろうか。

横須賀城は、高天神城奪還のために築かれた前線基地で、天正6年（157

8）に家康の命を受けた大須賀康高《おおすがやすたか》が築城。家康の関東移封に伴い入封した渡瀬繁詮《わたらせしげあき》、有馬豊氏によって、石垣・天守を持つ近世城郭へと変貌した。往時は、城の南側にまで遠州灘へと繋がる潟湖が迫り、横須賀港が中遠《ちゅうえん》地域の一大物資集散地であった。石材の少ない地域であったため、石垣には、小笠山丘陵から産出する河原石を用いており、異彩をはなっている。近年整備された中枢部もこの川原石が用いられ、特徴ある石垣の姿が復元され、最大の見所となっている。

江戸期に至り、城は東西に拡張され、大手門が東西2カ所に構築されることとなった。遺された絵図を見ると、城の塁線は、ほとんど土塀が巡っており、櫓の数は極めて少ない。安政の大地震によって、海岸線が隆起したため、海岸は遙か遠くに離れ、江戸中期まで眼前に海が広がる景色は一変している。

城址の北側に位置する撰要寺《せんようじ》には、不開門《あかずのもん》が移築現存し、「撰要寺墓塔群」と呼ばれる横須賀城主大須賀家の高さ4mの墓をはじめ、45基の墓石が所狭しと建ち並び圧倒的なスケールである。掛川市は、平成の合併により、戦国期から近世城郭までと、魅力的な城を三城も抱える市となったのである。（加藤理文）

高天神城跡全景
（南東大手側より）

高天神城 堂の尾曲輪北端の堀切
（西より）

横須賀城本丸の整備された石垣

【DATA】

◉掛川城天守閣
掛川市掛川 1138-24 ／ 2/1 ～ 10/31 は 9:00 ～ 17:00（入館は 16:30 まで）、11/1 ～ 1/31 は 9:00 ～ 16:30（入館は 16:00 まで）／ 12/30 ～ 1/1 休館／大人 300 円／ 0537-22-1146

◉横須賀城
掛川市山崎 1-1 他／［交通］JR 袋井駅～しずてつバス秋葉中遠線横須賀行・西田町下車／ 0537-48-3111（掛川市大須賀支所）

◉高天神城
掛川市上土方嶺向／［交通］JR 掛川駅～しずてつバス大坂線・土方下車、徒歩 15 分／ 0537-72-2701（掛川市観光協会大東支部）

岐阜城

岐阜

東海の城下町を歩く

岐阜城

道三・信長の町づくりを体感

◉岐阜市　江戸末期の町屋も残る町並みをじっくり味わおう。

金華山山頂の岐阜城から見る長良川と岐阜の街

濃尾平野の北にそびえる金華山からは、眼下の景色を一望の下に見下せる。織田信長は、井の口と呼ばれていたこの地に、古代中国の周が岐山《ぎざん》に立って天下をとったことにちなんで「岐阜《ぎふ》」の名を選ぶ。信長は天下布武《てんかふぶ》の野望を、この景観を視野に収めることで抱いたのではないだろうか。

岐阜城と岐阜町の成り立ち

金華山に最初に砦を築いたのは、鎌倉時代初めの二階堂氏といわれる。室町時代末期の応仁の乱の頃、美濃を治めていた土岐《とき》氏は、今の岐阜市の南東、当時の木曽川（現在の境川）に沿った革手（川手）に館を置き、京都から関白の一条兼良《いちじょうかねよし》も訪れている。本拠はその後、長良川の旧流路（古川、古々川）にそった鷺山、枝広となるが、天文3年（1534）の大洪水で流れは現在の本流（井川）に遷り、北の大桑《おおが》（現在の山県《やまがた》市高富）に移る。

下克上で美濃を土岐氏から奪った斎藤道三《どうさん》とは、実は家臣の永井氏の父子二代であったことが明らかとなっている。道三は金華山と井川の間に城下町を築く時、大桑から住民を百曲り筋（大《おお》桑《くわ》町）に移し、もとの住民のいた井の口は本町にあたる七曲り筋となった。今の岐阜公園北の丸山にあった伊奈波《いなば》神社も南に移転され、現在の場所に鎮座する。

道三は子の義龍《よしたつ》との鷺山の戦いで敗死するが、道三の娘の濃姫《のうひめ》を娶《めと》った信長は、義龍の子、龍興《たつおき》を破って永禄10年（1567、永禄7年とする説も）に井の口に入り、岐阜と名を改める。信長は、新町や靭屋《うつぼや》町にも尾張から商人を呼び寄せ、楽市令を加納（上加納、円徳寺）に下して楽市楽座を認めた。総構の周囲には、早田、岩倉、御薗の三つの市場が置かれたという。

信長の孫にあたる織田秀信《ひでのぶ》は、関ヶ原の合戦では西軍についたため、その前哨戦で岐阜城は落城する。徳川家康は、長女の亀姫を嫁がせた奥平信正《のぶまさ》に、現在は岐阜駅の南にあたる場所に加納城を築いて与え、併せて中山道加納宿も置かれた。岐阜は城下町ではなく、幕領から尾張藩領となり、江戸時代を通じて奉行所が置かれる。尾張藩は鵜飼いを庇護し、長良川で獲れた鮎をなれ鮨にして、岐阜街道（御鮨街道）経由で江戸まで送っていた。

明治22年（1889）に市制を施行した岐阜市は、直後の24年（1891）10月28日の濃尾《のうび》震災で川原町《かわらまち》や岐阜公園の西側の一部を除いて全壊、焼失した。その後、街の中心は柳ヶ瀬や岐阜駅前など南に移る。昭和20年7月9日の岐阜空襲によりその中心部が失われたものの、旧岐阜町の総構の北側は戦災を免れた。こうした経緯のために、かつての岐阜町にあたる金華地区には、古くは江戸時代末期、さらには明治後半から大正にかけての古い町家の残る町並みが受け継がれている。

金華の町を歩く

JR岐阜駅や名鉄岐阜駅からバスで15分程度、レンタサイクルを使ったり、ゆっくり歩いても（3・5㎞）、岐阜公園にたどり着く。公園北西の入り口には、総合案内所ができた。金華山山頂（329m）下まではロープウェーだと3分、比較的楽なコースの七曲り道の登山道でも、照葉樹林が生い茂る中を小1時間で登ることができる。「金華山」の名は、5月初めになるとツブラジイの黄金色の花が山体を覆うことによるともいう。山頂からは360度の展望が開け、夏のシーズンは夜もロープウェーが営業していてパノラマ夜景が楽しめる。

公園内には岐阜市歴史博物館、名和昆虫博物館、加藤栄三・東一記念美術館などがあり、歴史博物館の2階には岐阜市の歴史の展示と、楽市楽座の体験コーナーがある。山沿いには赤い三

岐阜公園と金華山
（頂上に岐阜城が見える）

重塔や、最近、発掘された信長の居館跡がある。

　公園から北に向かい、長良橋を西に降りると、かつて長良川上流からの和紙や材木の流通で栄え、今も落ち着いた佇まいをみせる川原町の町並みの中に入る。川原町とは通称で、湊町・玉井町・元浜町にあたり、川原町まちづくり会が、軒下の門灯や、丸い郵便ポストを設置し、行政とも協力して無電柱化と道路修景、町家の改修などを進めてきている。川原町のマップ（飲食店・土産物店で入手可）を手に取ってみて、岐阜団扇や鮎菓子のお店、丸いポストが目印のカフェ&ギャラリーなどにも立ち寄ろう。長良川や金華山が望めるレストランやお食事処もある。

　コミュニティ水路（北側の総構）の橋を渡ると、このあたりにも道三・信長以来の道筋（百曲り筋〔岐阜大仏の北側を東西に走る道〕など）や梶川堀などが残っており、井の口まちづくり会の地図（飲食店・土産物店で入手可）が案内する。江戸時代はじめの岐阜町図と現在のまちなか歩きマップを比べてみよう。

名和昆虫博物館（記念昆虫館の外観）

信長居館発掘跡（岐阜市提供）

濃州厚見郡岐阜図（1654 年、名古屋市蓬左文庫蔵）上（北）に古々川、古川、井川と分流する長良川。その下が川原町、山麓から左（西）に広がっていた岐阜城下町

和紙や材木の問屋が軒を連ねていた川原町

百曲り筋の益屋町

竹と和紙でできた岐阜大仏のある正法寺

旧奉行所近くの御鮨街道を当時の様子を再現して歩く（岐阜市と笠松町を結ぶ市民ウオーク「御鮨街道」にて）

一つの違いは、本町からカギ型に曲がって岐阜公園前に出る一方通行の道（現在の国道256線）だが、これは長良方面に延びていた電車道で、昭和63年まで電車が走っていた。竹と和紙でできた大きな岐阜大仏、道三の肖像画を残す常在寺、芭蕉が滞在した妙照寺などのお寺や、芭蕉が詠んだ句碑などを散策してみたい。

御鮨街道を南に向かうと、旧奉行所の前で岐阜町の中心だった米屋町や、伊奈波神社の参道にいたる。このあたりにも料理屋、ギャラリー、カフェなどがあちこちにある。春の岐阜祭の頃は、山車や御輿の集まる宵宮があり、ここでは伊奈波界隈まちづくり会が枝垂れ桜の道をライトアップする。金華山の東麓に奥まって鎮座する伊奈波神社にも、お参りしてはどうだろうか。（富樫幸一）

伊奈波神社

【DATA】

◉岐阜城
岐阜市金華山天守閣18（金華山頂）／3/16～5/11は9:00～17:30、5/12～10/16は8:30～17:30、10/17～3/15は9:30～16:30、パノラマ夜景開催日などは延長あり／年中無休／大人200円／058-263-4853

◉金華山ロープウェー
岐阜市千畳敷257（岐阜公園内）／3/16～5/11は9:00～18:00、5/12～10/16は8:00～18:00、10/17～3/15は9:00～17:00、パノラマ夜景開催日などは延長あり／年中無休／大人片道600円／058-262-6784

◉岐阜市歴史博物館
岐阜市大宮町2-18-1（岐阜公園内）／9:00～17:00（入館は16:30）／月曜・祝日の翌日・年末年始休館／大人300円／058-265-0010

◉加藤栄三・東一記念美術館
岐阜市大宮町1-46（岐阜公園内）9:00～17:00（入館は16:30）／月曜・祝日の翌日・年末年始休館／大人300円／058-264-6410

◉名和昆虫博物館
岐阜市大宮町2-18（岐阜公園内）／10:00～17:00（夏休み期間9:00～18:00）／木曜日・祝日の場合は開館（夏休み・春休み期間は無休）／大人500円／058-263-0038

郡上八幡城

水清く、踊りににぎわう城下町

◉郡上市　清流長良川と吉田川に育まれた郡上八幡。水路を巡らした古い町並みは情緒たっぷり。

郡上八幡城天守閣

清流の城下町を眼下に望む

長良川中流の山あいにある町、郡上八幡。清流と踊りで知られるこの町の中ほどにそびえる小高い山の頂上に、郡上八幡城がある。麓から登ると、天守閣まではおよそ15分。天守閣からは見下ろせば、山に囲まれたわずかな平地に人家が密集する様子が眺められる。

郡上八幡城は永禄2年（1559）、遠藤盛数《えんどうもりかず》が築いた砦がルーツ。当時、郡上一円を所領していたのは東氏《とう》。その居城は市街地南部にそびえる東殿山にあったが、盛数がこれを滅ぼし、砦を城にして郡上統治の拠点とした。

これを受け継いだ盛数の子、慶隆《よしたか》は、豊臣秀吉の不興を買い一時転封。その後に入城した稲葉《いなば》貞通《さだみち》、そして関ヶ原の戦いで功績を挙げて再び八幡城主となった慶隆が城の大改修をおこない、現在見られる城郭を形づくった。そして、六代城主遠藤常友《つねとも》が寛文7年（1667）に城下町を整備・拡張し、それまでの「城主格」から「城主」の称を幕府より許された。

現在の天守閣は昭和8年の再建。木造の再建天守閣では日本で最も古い。天守閣への登山口にある広場は本丸跡で、ここには山内一豊と初代城主盛数の娘である妻千代の銅像が立てられている。その下に堂宇を構える安養寺はもとの三之丸。明治14年に当地に近隣の中坪村から移設された浄土真宗の古刹で、境内には宝物館がある。

宗祇水と、町を流れる用水路と

郡上八幡の城下町は、長良川支流の

吉田川を挟んで「北町」「南町」に分かれている。城の真下にあり、碁盤目状に町割がなされているのが旧来の城下町である北町。そして城下町の発展とともに後年拡大したのが南町だ。まずは「北町」を巡ってみよう。

「北町」は、安養寺の門前から東西に延びる大手町を軸に、柳町、殿町、本町・職人町・鍛冶屋町の通りが南北に延びている。柳町、殿町は藩庁や馬場があった行政の中心地。本町・職人町・鍛冶屋町は町衆の居住地だった。

北町と南町を結ぶ宮ヶ瀬橋のたもとは、かつて「町口惣門」と呼ばれた城下町の入口で、番所や制札場が置かれていた。この一角にある酒蔵「平野本店」と肉桂飴の老舗「桜間見屋《おうまみや》」の間に通じる路地に入ると、宗祇水《そうぎすい》がある。この湧水の名は、室町時代の連歌師・飯尾宗祇《いいおそうぎ》がほとりに庵を建て居住したことに由来するもの。「水の町」と呼ばれる郡上八幡のシンボル的存在である。

本町の北に続く鍛冶町と職人町は、町名のとおり職人の居住地だった町。大正時代に大火に遭い、家々はそれ以後に再建されたものだが、昔ながらの町家が連なっており、山麓の柳町とともに、郡上八幡でもっとも古い町並み

宗祇水

風情をとどめている。また、小駄良川《こだらがわ》を挟んで職人町の対岸には大乗寺がある。享和3年（1803）に建築された鐘楼門は城下町で数少ない江戸時代の建築物として貴重である。

さて、町を歩くと、通りに沿って細い用水路が流れていることに気づくだろう。これは、六代城主遠藤常友が、承応元年（1652）の大火後に行った町作りの際に建設したもの。用水は「北町」だけでなく「南町」にも張り巡らされており、防火用水、生活用水として長く町民に親しまれてきた。郡上八幡が「水の町」と呼ばれる由縁は、宗祇水や吉田川、小駄良川とともに、生活に密着した用水路網が存在することも大きい。

職人町

吉田川を渡り「南町」へ

本町から肴町を経て、吉田川と城山に挟まれた道を東へ進むと、桜町に至る。ここは郡上藩の上級武士が暮らしていた町。また、町並みの外れには足軽が居住していた「十一軒長屋」と呼ばれる場所があり、そこには枡形が設けられていた。桜町の先には、歴代藩主の祈願所だった八幡神社がある。初代城主遠藤盛数が東氏と戦ったとき、砦を築くため山上の神社を現在地に下ろしたと伝わる。

桜町まで歩いたところで、吉田川を渡って「南町」に行ってみよう。こちらは、元役場で今は観光案内所となっている「郡上八幡旧庁舎記念館」から伸びる新町通りを軸に、小道がきめ細かく入り組んだ町になっている。新町通りは金融機関や郵便局、商店などが並び、商業の中心地といった風情。しかし、宮ヶ瀬橋に続く橋本町や奥に続く町は、昔ながらの雰囲気をよく残している。

「南町」には、美術館や資料館、変わったところでは当地出身者が地場産業として確立した食品サンプル（ディスプレー用の蝋細工）を紹介する施設など見

新町の町家建築

いがわこみち

どころが多い。城下町らしさを感じさせる名所は、旧庁舎記念館の東を流れる「いがわこみち」。遠藤常友の代につくられた用水路沿いに散策路が設けられており、郡上八幡を代表するスポットのひとつになっている。

また、市街地の南端にある臨済宗寺院の慈恩禅寺は、慶長11年（1612）に二・四代城主遠藤慶隆が開基となった。城主の遠藤家、金森家にまつわる寺宝を数多く有しているほか、創建期に築庭された荃草園《てつそうえん》がある。（内藤昌康）

【DATA】

◉郡上八幡城
郡上市八幡町柳町659／9:00～17:00（6～8月は8:00～18:00、11～2月は9:00～16:30）／12/20～1/10休館／大人300円／0575-67-1819

◉慈恩禅寺荃草園
郡上市八幡町島谷339／9:00～17:00／不定休（積雪時は休園の場合あり）／300円／0575-65-2711

【column】

郡上八幡の夏をにぎわす郡上おどり

郡上八幡の名を全国区にしているのは郡上おどりだ。毎年7月中旬から9月上旬まで延べ30日以上にわたって、各地区の縁日などにあわせて市街地のどこかで開催されている。町の人だけでなく観光客も自由に踊りに参加することができ、夏になれば全国から大勢の人が郡上八幡に押し寄せる。とくに、8月13日から16日までの盆期間は、夜8時から翌早朝まで続く徹夜踊り。この日は市街中心部一帯に数万人規模の大きな踊りの輪ができ、圧巻だ。

郡上踊りの起源は定かでないが、戦国時代末期にはおこなわれていたと考えられ、江戸時代初期には城主遠藤慶隆が盂蘭盆会《うらぼんえ》に踊りを奨励したという。盛んになったのは江戸時代中期、金森氏の後に城主となった青山幸道《あおやまよしみち》が町民の踊りを保護、奨励したことによる。明治から大正にかけて衰退しかけた時期もあったが、大正11年の郡上踊り保存会結成後は再び隆盛を見るようになり、戦時下にも中止されることなく、今に至るまで続けられている。

踊りの種類は代表的な「かわさき」をはじめ、春駒、ヤッチク、げんげんばらばら、甚句など10種類。もっとも古くから踊り継がれているのは「古調かわさき」で、宝暦年間（1751～62）に、伊勢神宮に参拝した者が伊勢河崎（現伊勢市）の踊りを持ち帰ったとの言い伝えが残る。

シーズン以外でも郡上おどりに触れてみたい人は、1日4回の実演をおこなっている殿町の郡上八幡博覧館を訪れてみよう。

◉郡上八幡博覧館
郡上市八幡町殿町50／9:00～17:00（踊り期間中は～18:00）／大人500円／12/24～1/2休館／0575-65-3215

岩村城

日本三大山城のひとつ

◉恵那市　重要伝統的建造物群保存地区に選定された山間の城下町。

岩村城　本丸北面の六段石垣

女城主・遠山景任夫人

岩村城の創建は詳らかではない。かつては源頼朝の重臣加藤景廉《かげかど》が文治元年（1185）に築いたと伝承されていたが、その根拠となる史料は認められない。ただ景廉を祖とする遠山頼景《よりかげ》が永正年間（1504～21）に遠山荘を支配していたことは確実であり、その頃には遠山氏の居城として機能していたものと考えられる。

この岩村城を有名にしたのは女城主と呼ばれる遠山景任《かげとう》夫人であろう。元亀3年（1572）、武田信玄が西上の動きを本格化させると、織田信長は自らの五男御坊丸《ごぼうまる》を病死した景任の養子として岩村城へ送り込んだ。しかし秋山信友《のぶとも》を大将とする武田軍によって岩村城は奪われる。この時、景任夫人が信友の室となることで無血開城したといわれている。この未亡人、実は織田信定の娘であり、信長にとっては叔母にあたる女性であった。

天正3年（1575）の長篠合戦に大勝した信長は直ちに嫡男信忠を総大将として岩村城攻めを開始する。半年の籠城後に城は落ち、虎繁と夫人は処刑され、城内兵もことごとく切り殺された。信長は奪還した岩村城に河尻秀隆《かわじりひでたか》を入れ置いたが、本能寺の変後は金山城主森長可の家臣各務兵庫《かがみひょうご》が入れ置かれ、この段階で近世城郭へと大改修が施され

二の丸菱櫓台の石垣

たようである。

岩村城は急峻な山城であったが、慶長5年（1600）の関ヶ原合戦後も廃城とはならず、翌6年には松平（大給）家乗《いえのり》が2万石で入封した。家乗は入封と同時に山城の北西山麓に藩主邸を造営し、そこを居館とした。以後松平氏が2万石で二代、丹羽氏が2万石で五代、松平氏（大給）が3万石で七代の居城として明治に至った。

本丸の石垣

特殊な地形を利用した高地の山城

さて、岩村城は標高721mの城山の頂上一帯に築かれた山城で、その構造は本丸、二の丸、八幡曲輪、出丸、東曲輪、長局、帯曲輪からなる。これらは河尻秀隆以降の城主によって整備さ

復元された藩主邸

れたものである。徳川幕府が正保年間（1644〜48）に諸藩に命じて作成させた正保城絵図にはほぼ現存するこうした曲輪と同じ姿が描かれており、江戸時代初期には岩村城の縄張りは完成していたものと考えられる。

城山の中腹に巨大な堀切を掘り、追手を構えているが、その脇には橋櫓と呼ばれる三重櫓がそびえていた。追手門の前面に架けられていた畳橋に対して横矢の効く位置にあるとともに城下のメインストリートの正面にあたる場所でもあった。天守が設けられなかった岩村城にとってこの橋櫓は象徴的な櫓であった。

橋櫓台の石垣

八幡曲輪の霧ヶ井

追手を入った八幡曲輪には霧《きり》ヶ《が》井《い》と呼ばれる城主専用の井戸がある。この井戸は敵が攻めてきたとき、城内に秘蔵されていた蛇骨《だこつ》を投じると、たちまち霧が立ち込め城を守ったと伝えられ、この由来から岩村城は別名霧ヶ城と呼ばれるようになった。また八幡曲輪には遠山氏が崇敬した八幡宮が造営されていた。

江戸・明治の面影残す町並み

城下は城山の北西山麓に配され、東西に流れる岩村川を境に北が武家屋敷地、南が町屋となっていた。その大手筋は藩主邸から西へ一直線に延びており、藩主邸前面は広場になっていた。秋祭りの神輿はここで町人から藩士へ引き継がれ、城内の八幡宮へ向かった。武家町はその面影をまったく残していないが、町の中央に盛巌寺を、北端に妙法寺を、北東に乗政寺《じょうせいじ》や隆《りゅう》崇院《そういん》などの寺院が配されていた。乗政寺は藩主の菩提寺であったが明治維新で廃寺となる。しかしその背後には松平家乗と丹羽氏四代の墓所が残されている。大手筋の1本北側の筋は馬場となっており、長さ240m、幅6・3mの直線道路で、各横町との交差点に

城下町の町並

城下町の町屋

城下の天正疎水

は喰違いの土居が構えられていた。

町屋は上町、中町、下町からなり、家数は約200軒であった。城下町造りは松平家乗によって着手され、領内の商人が集められただけではなく、尾張や三河からも呼び集められた。町屋の背後には生活・防火用水として岩村川から取水された水路が設けられている。これは天正年間（1573～92）に河尻秀隆によって整備されたことより天正疎水と呼ばれている。なお、町屋は国の重要伝統的建造物群保存地区に選定されており、江戸時代の商家である勝川家や土佐屋などが公開されている。町屋に位置する浄光寺は慶長6年に松平家乗に従い上野国から移転してきた寺院で、石造りの亀の台座に由来碑が乗る亀趺《きふ》と呼ばれる珍しい石碑が建立されている。

町屋の出入り口にあたる下町と、侍屋敷の出入り口にあたる新市場には城下町防御のために道路を直角に二度曲げてその両側を土塁で固めた枡形と呼ばれる施設が構えられていた。とくに下町枡形はその形状をよく残している。また町屋筋と横町の交差点には木戸が構えられ、城下の端には足軽長屋が配置されていた。（中井均）

【column】
岩村城を守った経塚

岩村城を中心に主要な街道筋に経塚《きょうづか》が7カ所築かれている。経塚とは経典を埋納した塚で、その頂上には石製の五輪塔が建てられている。建立の由来についてはよくわかっていないが、分根経塚は岩村城の北西に位置することより逆鬼門として造営されたと伝えられている。その最大のものは吉田川経塚と呼ばれる塚で、岩村から中津川市阿木に通じる阿木街道の脇に直径17m、高さ4mの円形のマウンドを造築し、頂上に五輪塔を建てている。

また塔ヶ根経塚は岩村城下から根ノ上に至る旧街道沿いに建立されたもので、4基にのぼる経塚から構成されている。そのうち3基には巨大な五輪塔が建てられている。2基は丹羽氏三代の氏純とその夫人の供養塔として四代氏明が建立したもので、もう1基は二代氏定の次男勘十郎の供養塔で、高さ210㎝を測る巨大なものである。

これらの造立の目的については不明であるが、岩村城を中心に点々と建てられていることより、結界として造営されたものではないかと考えられている。岩村城は井戸と経塚に守られていた城だったのである。

大垣城天守閣

大垣城

水辺の散策が楽しい「水の都」

◉大垣市　外堀だった水門川と町のあちこちから湧き出る自噴井。水にうるおう心地よい城下町へ。

戦前は国宝だった美しき城

大垣は「西濃」と呼ばれる美濃地方西部の中心都市。近世は美濃路の宿場町、あるいは水門川舟運の湊町として栄え、また近代以降は鉄道の基地としても知られた。そうした交通の要衝にある城が大垣城である。

大垣城を最初に築城したのは、明応9年（1500）の竹腰尚綱《たけごしひさつな》とも、天文4年（1535）の宮川安定《やすまさ》とも言われている。安定の築いた城は水門川を外堀にした小規模なもので、このとき、元の地名だった大尻を「大垣」に改称したとの説も。その後、氏家氏や池田氏などが入城。本格的な天守閣を築いたのは伊藤祐盛《すけもり》で、慶長元年（1596）のこと。伊藤祐盛は豊臣方の家臣であったため、関ヶ原の合戦に先立ち石田三成が大垣城に入城、ここが西軍の本拠地となった。さらに、慶長14年（1609）に城主となった石川忠総が総堀を整えたことで、堅牢な城郭が形づくられていった。その後、寛永12年（1635）に摂津尼崎より移封された戸《と》田氏鉄《だうじかね》が

焼失前の大垣城（「大垣名所絵葉書」から）
大垣市立図書館蔵

大垣城旧柳口門

城主となり、以後、廃藩置県まで十一代の長期にわたり戸田氏が大垣藩を治めた。

　廃藩置県後、他の城郭同様に大垣城も取り壊しが命じられたが、旧藩士や住民の運動で保存運動が熱心におこなわれたため、天守閣の撤去は免れた。明治13年（1880）には天守閣を中心に本丸、二之丸跡を大垣公園として整備。昭和11年（1936）には天守閣が艮櫓《うしとらやぐら》とともに国宝に指定されるが、残念ながら空襲によって焼失してしまう。現在の天守閣は昭和34年に建造されたもの。四重四階建てで、優美な城として名高かった当時の姿を再現している。

　公園内に残る城の遺構には、旧柳口

門を移築した東口門がある。大垣駅から歩く場合、駅前通りの郭町《くるわまち》商店街から東門をくぐり、城内に入るのがいいだろう。天守閣を見学したのちは、公園の西側にある大垣市郷土館へ。戸田氏の遺品のほか、城郭と城下町の全体像がわかるジオラマが展示されている。

大垣市郷土館

郷土館に展示されている御庭焼

大垣城の外堀、水門川を辿って

　さて、大垣の城下町で特筆すべき点は、外堀がほぼ昔の筋に対応する形で残っていることだ。城の北側から西側を流れるのは水門川《すいもんがわ》、東側から南側に流れ住吉燈台付近で水門川に合流するのが牛屋川である。水門川の川沿いには歩道が設けられており、散策が楽しいルートだ。沿道には松尾芭蕉の句碑も点在している。

　郷土館から北へ少し歩くと水門川が直角に折れており、その角に城下町の総氏神である八幡神社が鎮座している。中世の大垣は東大寺領で、この神社も東大寺の鎮守を勧請して創建された。戦国時代に戦火で焼失したが、戸田氏鉄がこれを再興。毎年5月上旬におこなわれる大垣祭は、その再建を祝う町民によって始められたと伝えられている。大垣市内には水路や自噴井《じふんせい》が多く「水の都」とも呼ばれるが、この境内にも湧水があり、水を汲みに来る近所の人が絶えない。散策に疲れたらここで喉を潤していこう。

水門川

八幡神社の自噴井

　八幡神社の南には円通寺がある。ここは戸田氏の菩提寺で、近江膳所《ぜぜ》、摂津尼崎、大垣と、氏鉄の移封とともに移転してきた。天保年間（1830～44）の建造という重厚な山門をくぐり本堂の裏へ行くと、戸田氏歴代の墓が並んでいる。

　さらに南下すると、奥の細道むすびの地記念館やポケットパーク「四季の広場」があり、その先に、大垣のシンボルともいえる住吉燈台が、桜並木の中に立っている。この界隈は大垣藩が設けた船町湊の跡だ。水門川は下流で揖斐川に合流しており、ここを起点に舟で物資が運搬されたのである。「奥の細道」の旅を大垣で終えた松尾芭蕉も、ここから舟に乗り桑名へと下った。また、県道の向こうにも、舟運の安全を祈願して建立されたという木製常夜燈がある。

船町港跡の住吉燈台

美濃路の宿場町でもあった城下町

船町湊まで歩いたら、次は旧美濃路の宿場町を歩いてみよう。美濃路は東海道宮宿（名古屋市熱田区）と中山道垂井宿を結ぶ街道である。大垣城下では、外堀（牛尾川）と内堀に挟まれる形で城の南と東に通じていた。古い建物はほとんど残っていないが、通り沿いの老舗や史跡が昔を偲ばせてくれる。

俵町の老舗、つちや

大垣宿本陣跡

水門川と牛屋川の合流点あたりに城下への出入り口であった西総門（京口門）があり、ここから東に俵町、竹島町と続いている。俵町で目を引くのは、柿羊羹で名高い和菓子舗、つちや。宝暦5年（1755）より七代続く老舗で、屋根に上げられた格調高い木製看板が見事だ。駅前通りを越え、竹島町には大垣宿本陣や問屋場が置かれていたが、今は標柱が場所を示すのみである。

問屋場跡から北に進路を変え、少し先で鉤型に折れると、商店が軒を連ねる本町。その中ほどに脇本陣や大手門があった。脇本陣跡にある老舗の田中屋せんべい総本家は、安政6年（1859）より名物の味噌煎餅を作り続けている。和菓子といえば、夏になると市内の各和菓子屋が売り出す「水まんじゅう」は、大垣らしい銘菓として人気だ。

美濃路は本町の北端でもういちど鉤型に折れ、水門川にぶつかる。ここは

大垣宿問屋場

東総門（名古屋口門）があった場所。ここから水門川は北へ、美濃路は東へと続いてゆく。（内藤昌康）

大垣城東惣門跡

【DATA】

◉大垣城
大垣市郭町 2-52 ／ 9:00 ～ 17:00（入館は 16:30 まで）／火曜・祝日の翌日・12/29 ～ 1/3 休館／大人 100 円／ 0584-74-7875

◉大垣市郷土館
大垣市丸の内 2-4 ／ 9:00 ～ 17:00（入館は 16:30 まで）／火曜・祝日の翌日・12/29 ～ 1/3 休館／大人 100 円／ 0584-75-1231

【column】

松尾芭蕉と大垣の俳人、谷木因

大垣は「奥の細道むすびの地」と言われている。これは江戸時代前期に活躍し「俳聖」と呼ばれた松尾芭蕉が、「奥の細道」の旅を大垣で終えたことに由来する。

「奥の細道」は元禄２年（1689)、江戸から北上して奥州平泉、立石寺、出羽三山を巡り、日本海沿いに北陸道を辿って敦賀、近江を経て大垣へ至った、五カ月に及ぶ漂白の旅である。大垣を最終地点にしたのは、俳友の谷《たに》木因《ぼくいん》を訪ねるため。船町の住吉燈台対岸の銅像で、芭蕉とともに立つのが木因だ。芭蕉は、木因ら美濃の俳人と交流したあと、船町湊から船で桑名まで下り、郷里の伊賀上野へと戻っている。

谷木因は、大垣で廻船問屋を営んでいた人物。芭蕉と木因はともに京都の北村《きたむら》季《き》銀《ぎん》の門下で俳諧を学んでおり、若い頃より交流が深かった。芭蕉が木因を訪ねて初めて大垣をに来たのは、「野ざらし紀行」の旅の途中で貞享元年（1684）のこと。以後「奥の細道」を含めて３回も大垣に足を運んでいる。

芭蕉のたびたびの来訪は、美濃地方の俳壇に大いに影響を与えた。木因の指導や藩主の保護奨励もあって、やがて美濃地方は蕉風俳諧の中心地として発展したのである。

城下町散策の途中でぜひ寄りたいのが、水門川河畔の総合福祉会館内にある「奥の細道むすびの地記念館」。ここでは芭蕉と木因の足跡を紹介し、木因の遺品などが展示されている。周辺には投句箱も置かれているので、散策途中に浮かんだ句を投稿してみてはいかが。

◉奥の細道むすびの地記念館
大垣市馬場町 124 ／ 9:00 ～ 17:00 ／入館無料／ 12/29 ～ 1/3 休館／ 0584-81-3747

伊賀上野城（三重県伊賀市）

三重

東海の城下町を歩く

松阪城

蒲生氏郷が基礎を築いた東海きっての商都

◉松阪市　商業都市として独自の発展を遂げた松阪。宣長を輩出した城下町は文化も豊かだ。

二之丸から見た御城番屋敷

豪壮な石垣と郭跡が見もの

伊勢神宮、熊野、大和への街道が交差する松阪の地に初めて本格的な城郭を築いたのは、天正12年（1584）に近江国日野から封じられた蒲生《がもう》氏郷《うじさと》である。それ以前に、北畠《きたばたけ》（織田）信雄《のぶかつ》が天正8年（1580）に築城した松ヶ島城が海岸近くにあったが、氏郷は、阪内川ほとりにある標高約35mの丘「四五百森《よいほのもり》」に新たに城を築き、同時に城下町の建設にも着手。当地の名を「松坂（阪）」と改め、のちに商業都市として発展する基盤をつくりあげる。

城が完成し松阪の町が開府されたのは天正16年（1588）だが、氏郷はその2年後、会津城へ移封。続いて服部《はっとり》一忠《かずただ》が4年ほど城主を勤め、次いで松阪城主となった古田《ふるた》重勝《しげかつ》が、慶長年間に城を完成させている。古田氏の治めた江戸時代初期には松阪藩が置かれた

松阪城跡の石垣

松阪城中御門跡

松阪城天守閣跡の石垣に使われた石棺

が、元和5年（1619）に伊勢国南部が紀州藩領となると、以後明治維新まで紀州藩松阪城代が置かれ、当地方18万石の拠点となった。

松阪の町は伊勢の商業の中心地として多いに栄えたが、城自体は年々荒廃していったという。三層の天守閣は正保元年（1644）の台風により倒壊。そのまま再建は果たされず、各櫓もやがて破損、撤去されていった。

しかし、重厚な石垣と天守閣跡を取り巻く郭の跡は、威容を誇っていたかつての城の姿を思い起こさせてくれる。城跡は、天守閣跡を頂点に上下二段の本丸、きたい丸、二之丸、隠居丸からなっており、当時の城郭の構造が今もよくわかる。築城当時の原型をとどめる石垣は「野面《のづら》積み」で、後年の改修時に施された「打ち込み接《は》ぎ」や「算木積み」などの技法も見ることができる。

江戸の趣伝える御城番屋敷

天守閣こそ復元されていないものの、松坂城跡は石垣や郭跡以外にも見るべきところが多い。二之丸跡や月見櫓跡からの眺望もよく、散策の前に城下町全体を眺めてみよう。月見櫓跡には、療養で松阪に滞在し「城のある町」を書いた梶井基次郎の文学碑がある。城内の見学施設は、本居宣長記念館および旧宅（コラム参照）と松阪市歴史民俗資料館の二つ。資料館は明治45年に飯南郡図書館として開館した建物で、図書館時代には松阪出身の映画監督小津安二郎も通ったとか。ここには商家の道具類や、松阪の経済発展のルーツともいわれる射和《いざわ》の伊勢白粉《おしろい》用具などを展示している。

松阪市歴史民俗資料館

二之丸から裏門跡を通って旧三之丸に出ると、通りの両側に、槇の生垣に囲まれた古めかしい武家屋敷が並んでいる。これは松阪城の警備を担当する紀州藩士および家族の住居だった、御城番屋敷。この屋敷に住まった武士たちの祖先は、徳川家康直属の家臣「横須賀組」の武士で、江戸時代に入り紀州藩主の頼宣《よりのぶ》の家臣となり、文久3年（1863）に松阪城の御城番に任じられている。建物はそのときに建造されたものだ。今もその子孫により明治維新後に設立された「苗秀社《びょうしゅうしゃ》」によって、昔ながらの景観のまま維持管理されており、城跡寄りの一軒が一般公開されている。
御城番屋敷を抜けた先は、もとの武家屋敷街。同心（役人）が住んだことから通称「同心町」と呼ばれる地域で、現在は生垣が続く閑静な住宅街となっている。

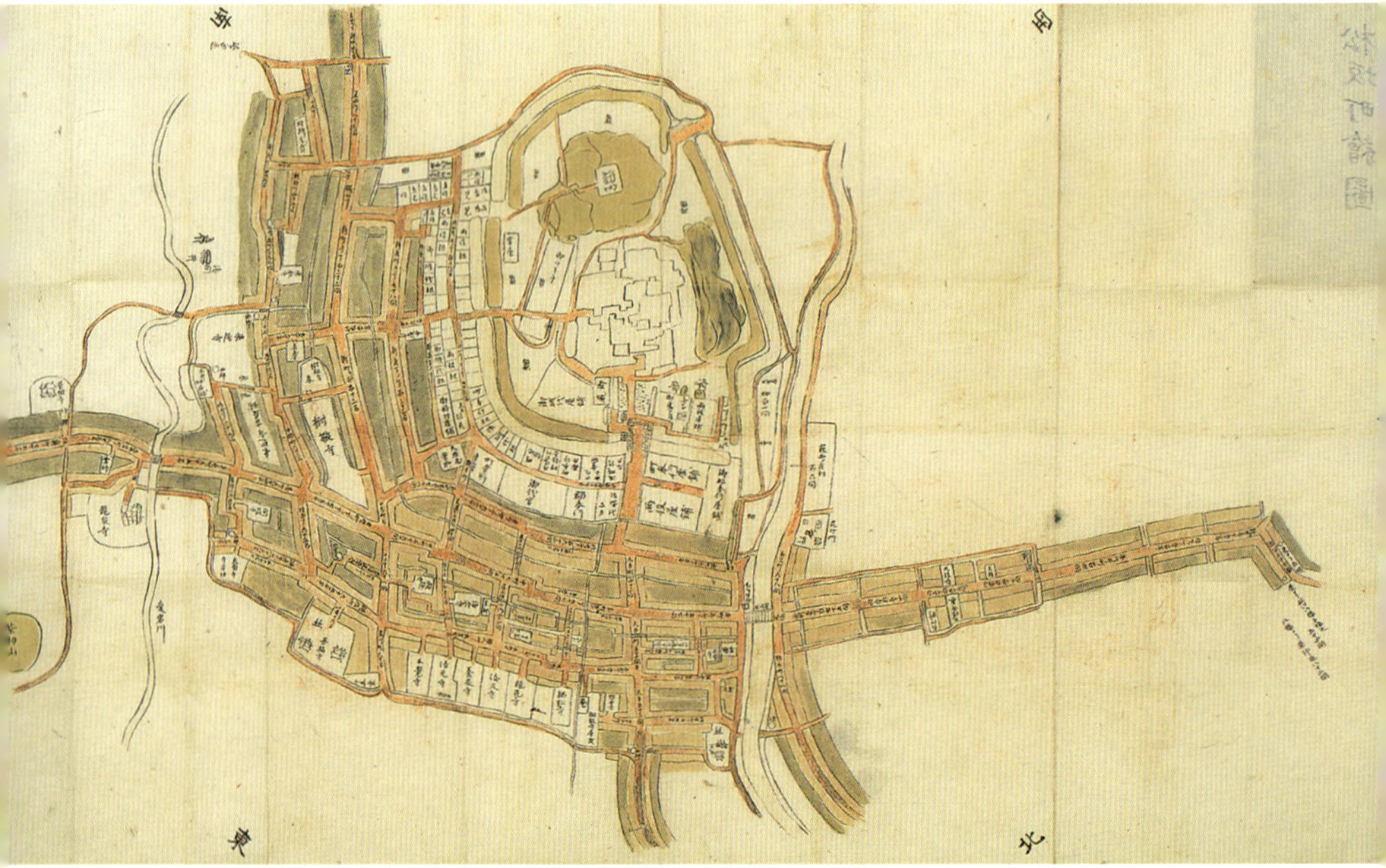

松坂城絵図（安永８年〔1779〕、本居春庭が写したもの）本居宣長記念館蔵

世に聞こえた松阪商人の本拠地

新町通りへ出て松阪駅方面へ歩くと、やがて角に道標が建つ交差点に出る。ここで交わる道が伊勢街道で、このあたりを日野町という。伊勢街道は、氏郷が城下町を築いた際に海の近くから城下にルートを変えた道筋であり、日野町は、もとの根拠地であった近江日野から呼び寄せた商人を住まわせた町だ。その一角にあった新上屋は、本居宣長が師の賀茂真淵《かものまぶち》と一度だけ対面した「松阪の一夜」で知られ、現在は石碑が立てられている。

江戸時代、日野町から中町・本町にかけては伊勢街道の宿場町であり、二カ所の桝形があったが、現在は一直線になっている。松阪牛料理の老舗和田《わだ》金《きん》や、氏郷とともに近江日野から移ってきたという、「老伴《おいのとも》」で有名な和菓子舗柳屋奉善《やなぎやほうぜん》が店を構えるのもこの通りだ。

中町に続く本町とそれに並行する魚町は、古い家並が軒を連ねる城下町で最大の散策ポイント。いずれも氏郷が旧城下の松ヶ島から移した町で、名だたる豪商が店を構えた。本町には、のちに江戸に出店する三井家の発祥地、現在は見学施設「松阪商人の館」になっている紙商の旧小

魚町の通り。左は長谷川家

松阪商人の館（旧小津清左右衛門家）

【DATA】

◉松阪市歴史民俗資料館
松阪市殿町 1539 ／ 9:00 ～ 16:30（10 ～ 3 月は 16:00 まで）／月曜・祝日の翌日・年末年始休館／大人 100 円／ 0598-23-2381

◉御城番屋敷（公開住宅）
松阪市殿町 1385 ／ 10:00 ～ 16:00 ／月曜・年末年始休館／入館無料／ 0598-26-5174

◉松阪商人の館
松阪市本町 2195 ／ 9:00 ～ 16:30（10 ～ 3 月は 16:00 まで）／月曜・祝日の翌日・年末年始休館／大人 200 円／ 0598-21-4331

◉松阪もめん手織りセンター
松阪市魚町 1658-3 ／ 10:00 ～ 18:00（12 ～ 2 月は 17:30 まで）／木曜 (祝日の場合は営業)・年末年始休館／入館無料／ 0598-26-6355

津清左右衛門家が、また魚町には、木綿商の長谷川家がある。

その松阪木綿は江戸時代の松阪における最大の地場産品で、松阪商人たちが江戸にその販路を開いたことが、商業都市としての発展を促し、江戸時代中期ごろからは伊勢の参拝客の土産品として人気を集め、全国に広まった。本町と魚町の間の大手通沿いにある「松阪もめん手織りセンター」では、現代によみがえった木綿製品が販売されており、土産に最適だ。（内藤昌康）

三井家発祥地

【column】

生涯を松阪で過ごした国学者、本居宣長

松阪城内に記念館と旧宅がある本居宣長は、江戸時代中期の国学者。生涯を松阪で過ごして古典を研究し、寛政10年（1798）68歳のときに、その最大の業績である古事記の注釈書『古事記伝』を著した。記念館には、宣長が残した膨大な資料が保存展示されている。

本居宣長旧宅

生まれは本町の木綿問屋。しかし幼少時から学問好きで商売にまったく関心がなく、隣人の医者の勧めで自身は医者を生業とした。魚町に構えた自宅兼診療所が、城の隠居丸跡に移設された旧宅で、52歳のときに改造し書斎を設けている。その書斎は、宣長がことのほか鈴が好きだったことから「鈴屋《すずのや》」と号している。ちなみに松阪のシンボル的存在である駅鈴《えきれい》は、宣長が源氏物語を講釈した浜田藩主から贈られたものにちなみ、駅前にもモニュメントがある。

大器の片鱗は若い頃から見せていた。14歳のとき、10mにも及ぶ中国歴代王朝の系図「神器伝授図」を書写。17歳のとき、畳一枚分よりも大きい詳細な日本地図「大日本天下四海画図」を作成。地誌好きが嵩じ、19歳のときには「端原氏系図並城下絵図」という架空の城下町に住人の系図を付けた、なんともマニアックな「大作」まで創作しているほどだ。宣長の地図好きは晩年まで変わらなかったという。

そんな父の薫陶を受けた息子の春庭《はるにわ》は、学問の基礎づくりに地図の書写は最適であると宣長に勧められ、16歳のとき「松阪町絵図」を作成している。それが、88ページの古地図である。春庭は31歳のときに失明してしまうが、それまでにさまざまな書写や作図をおこない、宣長の研究をサポートした。

◆本居宣長記念館

松阪市殿町1536-7／9:00～16:30／月曜（祝日の場合は翌日）・年末年始休館／大人300円（記念館・鈴屋共通）／0598-21-0312

津城

藤堂高虎が基礎を築いた三重の県都

◉津市　築城の名手、藤堂高虎の本拠地だった津城。その痕跡を求めてコンパクトな県都を歩いてみよう。

津城跡復興櫓

中世の港町から城下町へ

津市の中心地区は、安濃川と岩田川に挟まれた一帯である。通称「橋内」と呼ばれるその地区のまさに中央に、津城跡はある。

当初は安濃津《あのつ》城と呼ばれた津城は、信長の弟織田信包《おだのぶかね》によって築かれた。ここは平地だが、当時は河口に広がる湿地帯で、すぐ東には伊勢湾があり、天然の要害といえる土地だった。天正8年（1580）には五層の天守閣を完成させ、岩田川河口南側（現在の津市柳山あたり）にあった町家を移して城下町をつくった。それまで当地は「安濃津」と呼ばれ、明の書物に筑前博多、薩摩坊津《ぼうのつ》とともに「日本三津の一つ」とまで称されたほど繁栄した湊町だったのだが、移転によって農村になってしまったという。

本丸跡に立つ藤堂高虎像

その後、近江に移封された信包に代わって城主となった富田氏は、東軍方についていた。そのため、関ヶ原の合戦に先立って、進軍してきた西軍方の大軍勢に包囲されて天守閣は焼失、城下町は荒廃してしまう。

復興を手掛けたのは、慶長13年（1608）に家康の命で伊予今治より移封された藤堂高虎《とうどうたかとら》だった。高虎は城郭、城下町とも大きく手を加え、面目を一新させている。城郭は、本丸北側の拡張と石垣の積み直し、内堀の開削、東之丸と西之丸の設置などをおこない、天守閣を再建せず三重櫓を築いた。また城下町については、城の北・西・南に武家屋敷街、東に町屋を設置。そして伊勢街道を西に寄せて城下町の中心部に引き入れ、宿場町の機能を兼ね備えることで町の発展を促したのである。津の礎《いしずえ》を築いたのは、まさしく藤堂高虎である。津城本丸跡の一角には高虎の騎馬像が建てられ、その遺徳を偲んでいる。

石垣と堀が伝える城の姿

公園として整備されている津城跡で見るべき遺構は、本丸を囲う石垣が第一だろう。北側と西側に残された内堀には水が湛えられ、往時の風情を感じさせる。また公園の東入口の石垣上には、昭和33年建築の復興櫓がある。本丸南西角（藤堂高虎騎馬像の背後）の石垣は、五層の天守閣が置かれた天守台の跡だ。

本丸西側の日本風庭園は、番所や倉

津城跡の石垣

津城跡天守台

庫があった西之丸の跡。ここには、藩校有造館の講堂正門だった入徳門が移設されている。有造館は文政3年（1820）、十代藩主藤堂高兌《たかさわ》が設立。公園の北東あたりがその敷地だった。

城跡にはこのほか、南側内堀を埋め立てた跡に遷座された高山《こうざん》神社があり、藤堂高虎を祭神として祀っている。

旧有造館入徳門

城跡近辺や津市街には平成22年現在、城や城下町の歴史を詳しく紹介する資料館や見学施設が存在しない。往時の様子を知りたい人は、二之丸跡に建つ津市役所の1階ロビーに展示されている本丸・西之丸の100分の1模型を参考にしてほしい。

一大繁華街だった観音寺の門前

藩政時代はもとより、近代の面影もあまり残っていない津の市街地だが、町角のあちこちに城下町時代から戦後まで使われていた旧町名と、その由来を記した石柱が建てられている。町を散策する際に探してみるのも楽しいだろう。

市街地各所に建てられた
旧町名標柱

城下町で最大の見どころが、城の北東方向にある観音寺だ。もとは岩田川南岸の柳山にあったが、織田信包による城と城下町の建設に際して、津城の鬼門にあたる現在地に移転。江戸時代は藩の祈願所として保護され、明治以降は近郷近在の庶民がこぞって参詣に訪れた。山門前から南に延びるアーケード商店街は、かつて伊勢街道の宿場町でもあり、一帯は近世、近現代を通じて津で最大の繁華街として賑わってきた。

その旧街道を南下すると、やがて岩田川にぶつかる。そこから河口方面へ200mほど歩いたところに、川から

観音寺

旧堀川の一部

水を引き込んだ船だまりがある。これは藤堂高虎の代に船入れ場として開削された堀川のなごり。今でこそ奥行きは100mほどだが、かつては長さ500mに及び、戦後まで残っていた。

堀川跡の東、道幅の広い県道を越えたところは、藤堂家菩提寺の寒松院《かんしょういん》がある。創建は二代藩主高次《たかつぐ》で、当初は昌泉院と呼ばれていたが、後に高虎の院号から今のように改称された。境内には津藩と、支藩である久居藩の歴代藩主の墓が26基も並んでいる。寒松院から北の県道沿いは、高虎が寺を一列に配した寺町である。

寒松院の藤堂家墓地

このほかの津を代表する史跡には、安濃川北（橋北地区）の津偕楽《かいらく》公園、岩田川南（橋南地区）の阿漕浦《あこぎがうら》、阿漕塚などがある。津偕楽公園は十一代藩主高猷《たかゆき》が幕末に山荘を建てたところで、現在は市民憩いの場として親しまれている。阿漕浦は和歌の歌枕として知られた中世からの名所。阿漕塚は、浄瑠璃や歌舞伎の題材として取り上げられた、親孝行の漁夫の墓とされている。（内藤昌康）

【column】

津市郊外の古い町並みを訪ねて

津の城下町には、残念ながら昔の面影を残す町並みや建造物はほとんど残っていない。風情ある町並みを散策するなら、少し郊外へ行ってみよう。

東海道の日永（四日市市）と伊勢神宮を結び、藤堂高虎が城下に道筋を引き込んだ伊勢街道では、市街南部の阿漕町《あこぎちょう》津興《つおき》あたりがおもしろい。ここはもともと安濃津湊とともに発展した町の一部で、津興の地名は安濃津の町が興った地の意味。街道には数百メートルにわたって古い町家が連なっており、南の八幡町まで街道筋らしい家並が続いている。町の中ほどには明治20年創業の老舗山二《やまに》造酢が醸造蔵を構え、古い町並みを引き立てている。このほか街道筋では、伊勢街道と関方面からの伊勢別街道が合流する上浜地区（近鉄江戸橋駅と津駅の間）に、古い家屋が点在している。

津市北部にある一身田《いしんでん》は、寺とともに発展した寺内町の形態をよく残している。町の中心で壮大な伽藍を構える専修寺《せんじゅじ》は、津藩の援助により万治元年（1658）に整備が始められた、浄土真宗高田派の総本山。門前町には仏壇・仏具店を中心とした商店が建ち並び、趣き深い町並みを見せる。寺内町の周囲に張り巡らされた環濠は、日本でほぼ唯一、完全な形で残っているものだ。

このほか近年津市に合併された周辺地域では、津藩の支藩・久居藩の陣屋が置かれた久居《ひさい》や、伊勢別街道筋の椋本《むくもと》にも、小規模ながら古い町並みをみることができる。

伊賀上野城

藤堂高虎による代表的名城

●伊賀市　城をはじめ忍者屋敷、芭蕉旧跡など名所が目白押しの伊賀上野。城下町も風情たっぷりだ。

伊賀上野城　天守閣

伊賀上野城の高石垣

圧倒される30mの高石垣

東海地方の最西部に位置し、東海と関西の結節点という重要な地に、伊賀上野城はある。その初代は天正13年（1585）、大和郡山城（奈良県）から移封させられた豊臣秀吉の家臣、筒井《つつい》定《さだ》次《つぐ》。定次は高台に三層の天守閣を中心とした城郭の建設に着手、文禄年間（1592〜96）にこれを完成させた。

伊賀上野城御屋敷（明治５年、伊賀郷土史研究会寄託　伊賀市上野図書館蔵）

定次は23年にわたり伊賀を統治したが、徳川家康が幕府を開くと、失政などを理由に改易されてしまう。代わって伊賀に封じられたのが藤堂高虎《とうどうたかとら》だった。対豊臣家や西国大名の監視に重要な戦略拠点であるこの城を、有事の際の根城とすべく、家康の信が厚い高虎が任せられたのだった。

高虎が城の改修に着手したのは慶長16年（1611）の正月。自ら縄張りを指図し、本丸の拡大、高石垣の築造、10棟の櫓や大手門、御殿などの建設などが進められた。とくに高石垣は高さが約30mもある巨大なもの。「大坂城の城塁より見事」と賞賛されただけあって、堀端から見てもなかなかの迫力だ。

いっぽう、建造中だった五層の大天守閣が、竣工直前に暴風雨に見舞われ倒壊するというハプニングも起きている。のちに幕府の禁令により天守閣が再建されることはなかったが、藤堂氏の本拠地である津城の支城として存続し、城代家老が置かれた。

現在の三層の天守閣は、上野出身の衆議院議員川崎克《かわさきかつ》が私財を投じて昭和10年に再建したもの。あえて当時の様式で復興した木造建築で、別名を「伊賀文化産業城」と称した。城内には藤堂家の遺品をはじめ、武具甲冑や伊賀焼などが展示されている。最上階の展望台からは伊賀盆地全体を見渡すことができる。

城と忍者、そして松尾芭蕉

城跡一帯は上野公園として整備され、伊賀上野観光の拠点になっている。緑豊かな園内には天守閣以外にも見所が多く、まずはそれらを巡ってみよう。

他に類のない伊賀上野らしい施設といえば、伊賀流忍者博物館だ。さまざまな仕掛け、からくりが施された、江戸時代後期築の伊賀地方の農家が移築されているほか、忍者が使用した道具など、興味深い資料が多数展示されている。


【DATA】

●伊賀上野城
伊賀市上野丸之内106／9:00～17:00（入館は16:45まで）／12/29～31休館／大人500円／0595-21-3148

●伊賀流忍者博物館
伊賀市上野丸之内117-13-1／9:00～17:00（入館は16:30まで）／12/29～1/1休館／大人700円／0595-23-0311

●芭蕉翁記念館
伊賀市上野丸之内117-13／8:30～17:00（入館は16:30まで）／12/29～1/3休館／大人300円／0595-21-2219

●芭蕉翁生家
伊賀市上野赤坂町304／8:30～17:00（入館は16:30まで）／12/29～1/3休館／大人300円／0595-24-2711

●蓑虫庵
伊賀市上野西日南町1820／8:30～17:00（入館は16:30まで）／12/29～1/3休館／大人300円／0595-23-8921

●旧崇廣堂
伊賀市上野丸之内78-1／8:30～16:30／12/29～1/3休館／大人200円／0595-24-6090

伊賀流忍者博物館

芭蕉翁記念館

俳人松尾芭蕉の功績を紹介する芭蕉翁記念館も園内にある。芭蕉は寛永21年（1644）、上野城下の赤坂生まれ。記念館は直筆の句など貴重資料を保存している。公園の奥にある俳聖殿は芭蕉の顕彰する建物で、天守閣を復興した川崎克により生誕三百年を記念して建設されたもの。その独特の外観は、笠を被り袈裟を羽織った芭蕉の姿を現しているという。このほか、城下町にある芭蕉関連の施設は、公園から東へ約500mに芭蕉翁生家と釣月庵《ちょうげつあん》、城下町南端に芭蕉の高弟服部土芳の庵である蓑虫庵《みのむしあん》がある。

芭蕉翁生家

蓑虫庵

旧崇廣堂

上野公園のすぐ南を東西に走る国道25号は、藩政時代には大名小路と呼ばれた通り。この通り沿いに、旧崇廣堂《すうこうどう》が建つ。これは領内の藩士の子弟を教育するための藩校で、津城下の有造館の支校として文政4年（1821）に創建された。表門、御成門、講堂など、当時の建物がそのまま残されており、国の史跡に指定されている。

三之町の中心、本町通り

風情ある城下町をひとめぐり

旧崇廣堂のすぐ南で伊賀鉄道の踏切を渡り、道の食い違いに名残をとどめる西大手門跡から、城下町へと入ってゆこう。そこかしこに古い建物や数々の老舗があり、和菓子や漬け物など名物も多く、町歩きが楽しい。あちこちに置かれた忍者の人形も気分を盛り上げてくれる。

寺町の界隈

城下町は、城郭の南に碁盤目状に「三筋町」がまずつくられ、その後、南と東へ拡大していった。東西の通りは城に近い順に本町通り、二之町通り、三之町通り。ここに

は家臣や商人が住んだ。そして南北には、中之立（竪）町通り、西之立町通り、東之立町通り（今の銀座通り）が貫いている。

三之町通りの南には、忍町《しのびちょう》という伊賀らしい町名もある。ここは高虎が城郭の防御線として忍者を集めて住まわせたのが起源。かつては武家屋敷が建ち並び、今も中之立町通り沿いにその一軒が残っている。

南端の愛宕町まで来たら、蓑虫庵を経て城下町の東部へ。寺を一カ所に集めて東の防御とした寺町は、通りの両側に白壁をしつらえた七カ寺が並び、落ち着いた佇まいを見せている。寺町の北で交わる東西の通りは、東海道関宿と奈良を結んだ旧大和街道。広小路とも呼ばれるこの界隈は街道筋の商業地として栄え、今もその面影を残す古い商家が多い。

この通りを西へ少し行くと、町の鎮守である上野天神宮が鎮座する。松尾芭蕉の処女作「貝おほひ」を奉献した神社として知られている。毎年10月下旬に3日間にわたっておこなわれる秋の祭礼は、鬼行列と9基のだんじりが見もの。その雰囲気を味わいたい人は、上野公園の東にあるだんじり会館を見学するといいだろう。

このほか市街地周辺には、日本三大仇討のひとつの舞台である鍵屋の辻、三重県最古の学校建築である旧小田小学校本館、伊賀組紐や伊賀焼などこの地方の伝統産業の紹介施設など、見るべきものが多い。じっくり一日かけて巡りたい町だ。（内藤昌康）

町のあちこちに忍者がひそむ

［column］

伊賀上野城歴代城主と伊賀焼

伊賀地方を代表する伝統産業、伊賀焼は、奈良時代に発生したとされている。茶の湯が盛んになった安土桃山時代以降、伊賀焼は茶陶として名を高めていったが、それを発展させたのは、代々の上野城主たちだった。

まず筒井定次。古田織部《ふるたおりべ》から直に茶の湯を学んだ定次は、織部の影響を色濃く反映した茶道具をつくらせた。この時代のものは「筒井伊賀」と呼ばれ、ビードロ釉や崩れた形状が特徴だ。

続いて城郭の大改修をおこなった藤堂高虎の子高次《たかつぐ》は、京都から陶工を招き、自らも窯場を視察するなどして生産を奨励。この時期のものは「藤堂伊賀」と呼ばれる。また、高虎の娘婿であった小堀遠州《こぼりえんしゅう》の指導により「遠州伊賀」もつくられた。

その後、伊賀焼は一時期衰退するが、7代藩主藤堂高嶷《たかさと》が復興に乗り出した。この時期のものは「再興伊賀」と呼ばれている。江戸時代後半は茶陶に代わって日用雑器が中心となり、明治に入ると伊賀の土特有の耐熱性を活かした土鍋や土瓶の生産が盛んになる。今も土鍋は、伊賀焼の主力のひとつである。

伊賀焼の窯場は、上野城下町から北へ山を二つ越えたところにある丸柱地区が中心地。のどかな山あいに窯元が点在し、見学を受け入れている窯元も多い。地区の中央にある伊賀焼伝統産業会館は、古い伊賀焼や、現代の陶工たちによる作品を展示し、作陶や絵付け体験もおこなっている。また上野市街地にも、数多くの作品を展示した伊賀信楽古陶館がある。

◉伊賀焼伝統産業会館
伊賀市丸柱 169-2／9:00～17:00／月曜（祝日の場合は翌日）・年末年始休館／大人200円／0595-44-1701

◉伊賀信楽古陶館
伊賀市上野丸之内 57-12／9:00～17:00（入館は 16:30 まで）／12/29～1/1 休館／大人 200 円／0595-24-0271

亀山城

東海道の要衝に築かれた城

◉亀山市　石垣と多門櫓がシンボルの亀山城。城跡を巡ったあとは、東海道の宿場町を歩いてみよう。

亀山城多門櫓

多門櫓の残る石垣

最初の亀山城は文永2年（1265）、現在の城跡の東に関実忠《せきさねただ》によって築城された。中世には約300年間、十六代にわたる関氏の居城となっていた。天正18年（1590）、岡本宗憲《おかもとそうけん》が入城したときに基礎となる城郭を建設。江戸時代に入ると、幕府より丹波亀山城（京都府）の取り壊しを命じられた堀尾忠晴《ほりおただはる》が、間違えてこちらの天守を取り壊してしまったエピソードも伝わっている。

寛永13年（1636）、城主になった本多俊次《ほんだとしつぐ》は亀山城の大改修に着手した。完成した縄張りは、東西700m、南北500mに及び、その範囲は現在の本丸町、西丸町、東丸町に相当する。天守は築かれなかったが、本丸に天守の代わりとなる三重櫓と本丸御殿（将軍家の宿泊所）、二之丸に藩庁兼城主居館の二之丸御殿が設けられた。現在の亀山西小学校が居屋敷、亀山市役所がその別棟である向屋敷の跡地である。

建造物は明治初年にほとんどが取り壊され、市役所の西に残る石垣と多門櫓が、数少ない遺構である。「天守台」呼ばれる石垣の上に建つ多門櫓《たもんやぐら》は、寛永10年（1633）の絵図が初見だが、今の建物の築造年ははっきりしていない。近代の資料から、武具庫として使われたと考えられている。改修が重ねられているため昔の形状ではないが、三重県では唯一、当時の位置に残る城郭建築の遺構であり、県の文化財に指定されている。

復元された二之丸帯曲輪《おびくるわ》

多門櫓のほか城跡で見ておきたいのは、近年整備された二之丸帯曲輪《おびくるわ》跡だ。現在は公園になっている本丸跡裏手の通路を進むと、亀山西小学校に隣接する帯曲輪に行くことができる。これは、城主居館の北側を防御するために設けられた帯状の平らな場所で、御殿と帯曲輪を結んでいた埋門《うずみもん》や、石を巡らせた溝を発掘時の状態で展示し、外周の土塀の一部を復元している。

本丸跡の公園から続く階段を下りると、その直下に「公園池」と菖蒲園がある。公園池はもとの外堀の一部。また、多門櫓と市役所の間の「石坂」を下ったところにある池も、同じく外堀の一部。かつては城郭全体が堀で囲まれていたが、現在も残る堀の一部はこの2カ所だけ。元禄14年（1701）5月9日未明、石井源蔵と半蔵の兄弟が父の敵である赤堀水之助を討ち取った場所がこのあたり。石井兄弟の仇討は後に歌舞伎や浮世絵の題材にもなり、江戸の庶民の評判に上った。池のほとりには昭和7年に建立された記念碑がある。

二之丸帯曲輪跡

池の西側一帯は西之丸。ここには亀山藩の重臣の屋敷や、藩校明倫舎が置かれていた。この一角に、江戸時代後期の城主だった石川家の家老職を勤めた加藤家の屋敷跡や長屋門があり、往時の面影を今に伝えている。加藤家のすぐ南は、城内から宿場町へ抜ける青木門があった場所。ここは当時のまま、道が枡形になっている。

亀山城に関する資料を見たい場合は、城跡の北西にある亀山市歴史博物館へ。亀山城の発掘調査で出土した陶器類や瓦などが展示されているほか、屋外には石坂門の石垣の一部が移設展示されている。

加藤家長屋門

亀山市歴史博物館

屋号札を眺めて町歩き

亀山城の城下町は、江戸から数えて東海道46番目の宿場町でもある。亀山宿は東西に長く、東端の露心庵跡から西端の京口門跡まで、2・5㎞にも及んでいる。しかし、宿場町としての機能はさほど充実していたとはいえず、本陣と脇本陣が各1軒、旅籠が江戸時代後期には21軒と、同じ亀山市内の関宿、坂下宿よりも少ない。

亀山城が宿場町の西寄りにあるので、ここでは西から順に町並みを見てゆこう。亀山宿では、町並み保存グ

【DATA】
◉亀山市歴史博物館
亀山市若山町7-30／9:00～17:00（入館は16:30分まで）／火曜・祝日の翌日・12/29～1/3／大人200円／0595-83-3000

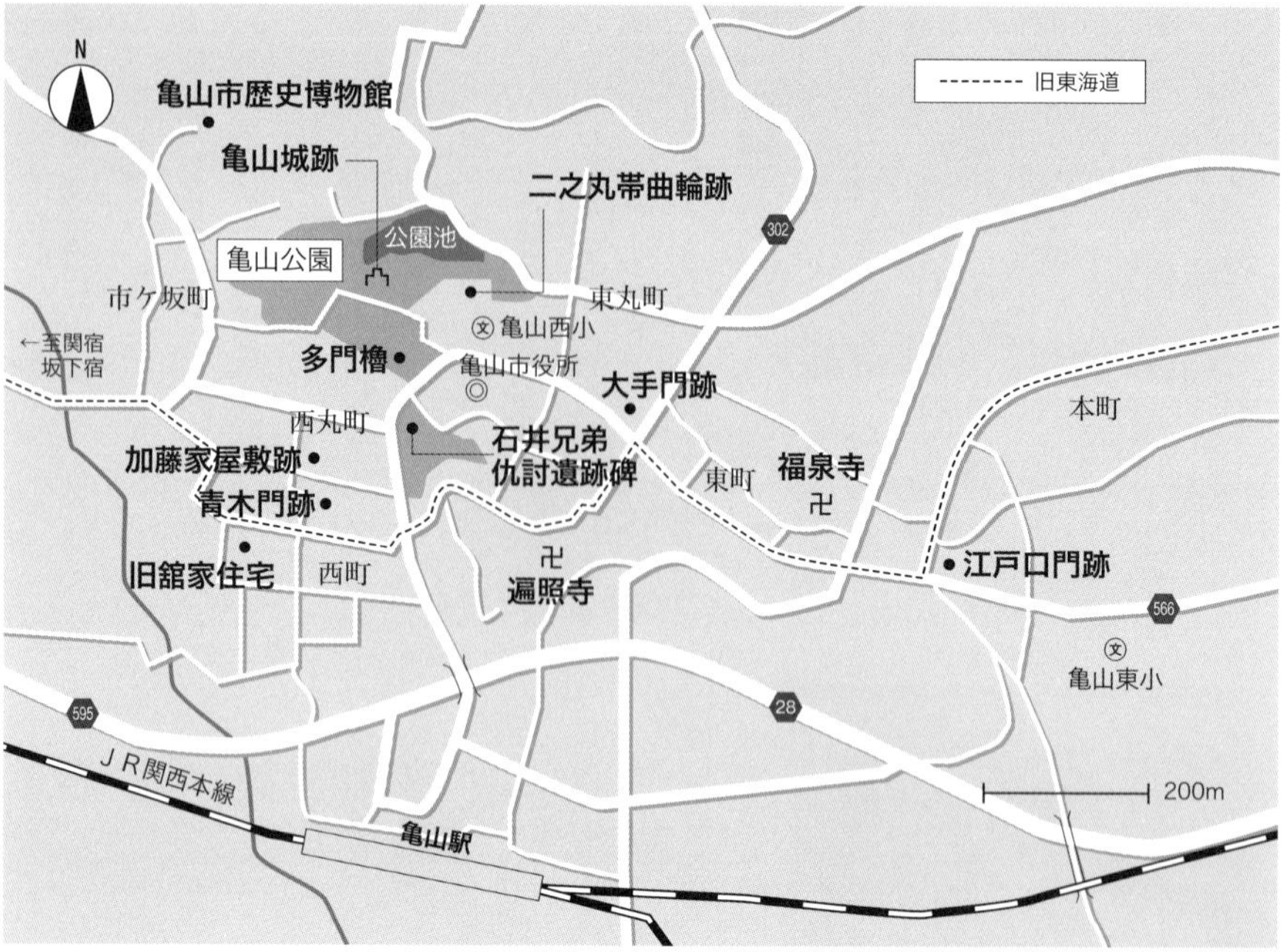

ループの手により、街道沿いの家々に旧町名と屋号を記した木札が掛けられており、往時に思いを馳せながらの散策が楽しい。町は西から順に西新町、西町、万町、横町、東町、東新町、鍋町、茶屋町となっている。

　西新町の枡形を折れ曲がり西町に入ったところに、亀山宿を代表する商家建築の旧舘家住宅がある。幕末から大正時代に呉服商を営んだ家で、屋号は「枡屋《ますや》」。母屋は明治6年建築の風格ある構えである。

青木門跡の枡形

亀山宿西町の旧舘家住宅

　西町から外堀跡の池を眺めて万町に入ると、横町にかけて坂道に家並が続いており、なかなかの風情。この途中にある遍照寺の本堂は、もと二之丸御殿の一部分を明治初年に移設したもの。

　坂を登りきったところの交差点は、亀山城の正面入口にあたる大手門があった場所。この付近には本陣、脇本陣、高札場があり、亀山城下の中心地ともいえるところだ。ただ、大手門跡から江戸口門跡にかけての東町界隈は、両側の歩道にアーケードが付いた商店街になっており、昔の宿場町風情はまったく感じられない。このあたりでは、町並みの一本北の通りにある福泉寺山門が、寛政7年（1795）の建築と古い。

東町の外れが江戸口門の跡で、旧東海道はここで左に折れる。この先に続く東新町、鍋町、茶屋町は、道幅が狭く、ところどころに格子戸の民家も見られ、それなりにおもむきを残している。（内藤昌康）

万町の町家

旧東海道沿いの屋号札

【column】

亀山市内の宿場町、関宿と坂下宿

亀山を訪れたら、西へ約6㎞に位置する隣の宿場町、関宿にも足を延ばしたい。亀山宿にも往時の名残はところどころに残っているが、関宿は全体が昔ながらの町並みそのもの。東海道の宿場町では唯一、国の重要伝統的建造物群保存地区に指定されている。

関宿の規模は東西1.8㎞。亀山宿より規模は小さいものの、江戸時代末期から明治時代に建てられた町屋が約200軒も並んでおり、一歩足を踏み入れると時代をさかのぼったような感覚に陥る。

町並みの中ほどにある「関宿旅籠玉屋歴史資料館」は、かつての旅籠の内部が見学できる施設だ。関宿を代表する大旅籠で「関で泊まるなら鶴屋か玉屋…」と謡われたほど。雰囲気のある館内に佇めば、昔の旅人の気分に。伝統的な町家建築の造りをじっくり見ることができる「関まちなみ資料館」も覗いてみたい。他の建物も意匠や造りに見るべきところが多く、立ち止まってじっくり観察してみよう。みやげには、江戸時代から親しまれている銘菓「関の戸」や「志ら玉」などがおすすめ。

亀山市内の東海道にはもうひとつ、坂下宿がある。伊勢と近江の国境をなす難所、鈴鹿峠の麓に位置していたことから、東海道有数の規模を誇る宿場町だった。旅籠の数は亀山宿や関宿を上回ったほど。しかし、鉄道が通らなかったため衰退し、今では往時を偲ばせるものはほとんど残っていない。

◉関宿旅籠玉屋歴史資料館
亀山市関町中町444-1／0595-96-0468
◉関まちなみ資料館／0595-96-2404
亀山市関町中町482
（2館共通）9:00～16:30／大人300円／月曜・12/28～1/4休館

長浜城下町（滋賀県）

滋賀

東海の城下町を歩く

長浜城

琵琶湖を利用して築かれた秀吉の出世城

◉長浜市　江戸時代は在郷町として栄えた長浜。曳山祭りなど町民文化が色濃く残る町。

長浜城跡に建つ長浜城歴史博物館

琵琶湖を取り込んだ縄張り

天正元年（1573）に湖北の戦国大名浅井長政《ながまさ》を滅ぼした織田信長は「江北浅井跡一職」を羽柴秀吉に与えた。秀吉は一旦小谷《おだに》城に入城するが、湖北支配の新たな拠点として長浜築城を開始する。築城に際しては領内の人々が徴発されたようで、平方名主百姓中や、下八木地下人中に宛てた文書によると、奉公人、出家、商人、侍の区別なく、鋤、鍬、もっこを持参して普請作業への動員を命じている。この築城は天正2年の夏頃より開始されたようであるが、翌3年8月に秀吉はまだ小谷城に居たことが確認されていることより、完成したのは天正4年春頃と考えられる。なお、長浜は築城当時は今浜と呼ばれていたが、城の完成とともに長浜と改名されたようである。この改名は信長の長を賜ったとか、末永く栄えるということより長の字に改めたなどと言い伝えられている。

天守跡

馬屋跡

長浜城は元和元年（1615）に廃城となり、建物や石垣はことごとく解体され、跡地は農耕地として細分化されてしまい、その痕跡は地上にまったく残されていない。江戸時代に描かれた

町絵図や、明治の地籍図からは、外堀、内外堀、内堀の三重の堀があり、本丸は琵琶湖に面して構えられていたようである。三重の堀はすべて琵琶湖に直結しており、琵琶湖を積極的に取り込んだ縄張りであった。現在城跡の中心部は豊公園となっているが、その北西端にある小丘が天守台と伝えられている。また天守跡の南西方向の琵琶湖沖からは昭和14年の渇水時に厚さ3cmの板で囲まれた井戸跡が出現した。井戸枠は石で囲んで保存され、太閤井址の石碑が建てられている。これは長浜城内にあった井戸の可能性が高い。また豊公園の通路や小丘の裾部に利用されている石材は長浜城の石垣石材を転用したものと伝えられており、なかには矢穴の認められる石材もある。

太閤井址

なお、大通寺《だいつうじ》

大通寺台所門

の台所門は壮大な薬医門であるが、『近江国坂田郡志』によると、扉金具内面に「天正十六年」の墨書が認められ、長浜城より移築されたものと伝えられている。また『井伊年譜』には彦根城の天秤櫓は長浜城の大手門を移築したものと記している。

秀吉がつくった城下町

長浜の城下町は天正2年の築城開始と同時に建設が開始された。秀吉が最初に造営したのは大手町と本町である。本町は大本の町に由来する。その後小谷城下から大谷市場町、伊部町、呉服町などが移されてきた。こうした町名は小谷城下に現在も小字として残されており、移転してきたことを如実に物語っている。さらに長浜城下には近郷から移住させられた町として箕浦町と神戸《ごうど》町がある。箕浦は坂田郡箕浦で、八日市場があり、その商人たちが移転させられたといわれている。神戸は坂田郡顔戸で、日撫神社の門前町が移転してきたもののようである。こうして天正8年頃までにほぼ長浜城下の中心部は成立したようである。そして天正9年には小谷城下より第二期移転がおこなわれ、郡上町、知善院町などが形成されたのである。

北国街道

完成した長浜城下は四十九町といわれ、秀吉によって十組に編成され、各組に1人ずつの町年寄が定められた。これを十人衆と呼んでいる。さらにこの十人衆より3人が互選され町政をおこなった。また秀吉は天正19年に長浜城下町の町屋敷に対して年貢米300石を免除する施策をおこなっている。この特例は京、大坂、大和郡山と長浜にしか与えられていない特権であり、いかに秀吉が長浜に愛着をもっていたかがうかがえる。

北国街道の宿場町でもあった長浜

それでは長浜城下を歩いてみよう。まずは大通寺を訪ねたい。大通寺は長浜御坊と称される浄土真宗大谷派の別院で、慶安2年（1649）に彦根藩主井伊直孝《なおたか》から寺地の寄進を受けて伽藍が整えられた。本堂は江戸時代初期に建立された真宗別院本堂の代表例として重要文化財に指定されている。その本堂と渡り廊下で結ばれた広間は伏見城から本願寺に移されたものを承応年間（1652～55）に大通寺に再移築したものと伝えられている。広間背後の客室含山軒、蘭亭とともに重要文化財に指定されている。含山軒の東側には伊吹山を借景とする枯山水の庭が広がっている。境内の南面中央には豪壮な二重門の山門があり、その前面には門前町が形成されている。

長浜城下は城下町だけではなく、北国街道の宿場町でもあった。十一町から郡上町に至る街道沿いには町屋の風情が残されている。その北端の郡上町には「為往来安全」と刻まれた石灯籠が残されている。

なお、長浜廃城も町屋敷の年貢免除は継続され、江戸時代に長浜町は大いに繁栄した。その町衆文化を代表するものが長浜曳山祭りである。４月15日を本祭とする長浜八幡宮の例祭で、その起源は秀吉が男子誕生を喜び、その祝金として長浜町民に砂金を与え、これをもとに曳山が建造されたと伝えられている。胴幕、見送り幕に飾られた12基の曳山は動く芸術品であるが、その舞台で演じられる子ども狂言も必見である。（中井均）

大通寺本堂

郡上町の石灯籠

【DATA】

◉長浜城歴史博物館
長浜市公園町10-10／9:00～17:00（入館は16:30まで）／年末年始休館／大人400円／0749-63-4611

◉大通寺（長浜御坊）
長浜市元浜町32-9／9:00～16:30／12/29～1/4閉門／大人500円／0749-62-0054

[column]

秀吉の息子秀勝の墓

豊臣秀吉の実子としては淀殿との間に生まれた二子が有名であるが、実は長浜城主時代に男子が誕生したと伝えられている。男子は秀勝と命名されたが夭折し、長浜市大宮町の妙法寺には秀勝の墓といわれる供養塔が現存している。供養塔は題目式笠塔婆と呼ばれるもので、天正４年（1576）の銘文が刻まれている。『竹生島奉加帳』には長浜城内に石松丸と呼ばれる稚児のいたことが記されており、この石松丸が秀勝であったとも考えられている。後に秀吉は信長の子息などを次々と養子に迎え秀勝と名乗らせている。最初の実子の名として愛着があったためと思われる。

彦根城

近世城下町の教科書的構造

●彦根市　彦根山にそびえる国宝天守は市民の誇り。

彦根城　西の丸三重櫓

家康が井伊家に与えた国宝天守

関ヶ原合戦の戦功により井伊直政《なおまさ》は近江18万石を賜り、佐和山《さわやま》城に入城した。当時大坂には豊臣秀頼《ひでより》がおり、対大坂戦を想定した築城が急務であり、慶長9年（1604）直政の嫡子直継《なおつぐ》によって彦根山に築城が開始された。この彦根築城は徳川幕府による天下普請としておこなわれ、諸大名、旗本が助役として動員された。その数は『木俣日記』によると28大名、9旗本におよんでいる。まさに徳川幕府の最前線の城として築かれたわけである。こうした慶長期の普請は第1期工事として、現在の内堀よりも内側でおこなわれ、御殿も山上の本丸に造営された。また臨戦態勢から有力家臣の屋敷も内堀の内側に構えられた。

太鼓門

元和元年（1615）に大坂夏の陣が終結すると、翌2年より第2期工事が直孝《なおたか》によって開始される。この工事では内郭の重臣屋敷が内堀の外側へ移され、その跡地に表御殿や米蔵、山崎丸などが造営された。

彦根城の構造は彦根山に構えられた山城部分と山麓に構えられた御殿部分からなる。本丸の中央には三重三階の天守が築かれている。これは大津城の天守が落城しなかったためでたい天守であることから徳川家康が井伊家に与えたもので、現在国宝に指定されている。

彦根城で忘れてならないものとして登り石垣がある。これは山城部分から山麓にかけて縦方向に設けられた石塁で、敵の斜面移動を封鎖する防御施設である。彦根城ではこうした登り石垣が五カ所に設けられている。

　山麓には表御殿が構えられ、藩主の住居とともの彦根藩の藩庁として機能していた。惜しくも明治初年に解体され、現在のものは平成元年に博物館として外観が復元されたものである。山麓の周囲に巡らされた内堀の石垣は上部と下部を石垣とし、その間を土塁とする構造となっている。関東以北によく用いられる工法であり、関西では大変珍しい工法で

馬屋

天守

【DATA】

◉彦根城
彦根市金亀町 1-1 ／ 9:00 〜 17:00 ／ 12/29 〜 31 休館／［彦根城・玄宮園入場券］大人 600 円／ 0749-22-2742

天秤櫓

玄宮園

ある。
内堀と中堀に囲まれた第2郭は内曲輪と呼ばれ、重臣の屋敷や藩主の下屋敷である玄宮楽々園《げんきゅうらくらくえん》、馬屋などが配されていた。現在も重臣の屋敷として旧西郷家の長大な長屋門や、旧脇家長屋などが残されている。また四代藩主直興によって造営された下屋敷槻御殿は庭園部分を玄宮園、建物部分を楽々園と呼び、大名庭園の典型として国の名勝に指定されている。

旧町名に偲ばれる職人たちの町

中堀と外堀に囲まれた第3郭は中級の武士と町人の混住した町で、特に外堀に面して寺院が点々と配置され寺町を形成している。佐和口に面する尾末町には井伊直弼が部屋住み時代を過ごした埋木舎が保存されている。また旧池田家屋敷の長屋門が残されている。第3郭の町屋は内町と呼ばれ、土地に掛かる年貢は免除されていた。そこには下魚屋町、桶屋町、職人町、上魚屋町、油屋町など特定職人が集住していたことを示す町名が数多く残されている。とくに下魚屋町では町屋の前面に水槽が置かれており、城下町の景観を残している。外堀は大半が埋められてしまったが、わずかに南東隅部が残されている。またこの外堀の残る一角に金亀会館と呼ばれる寺院があるが、この建物は第2郭の東端に構えられていた藩校弘道館から移された建物である。

本町の町並み

旧鈴木家長屋門

外堀の外側と善利川に挟まれた第4郭には足軽の組屋敷と町屋が配されており、町屋は外町と呼ばれていた。足軽組屋敷は下組、上組、北組からなり、特に外堀の南東に配置された下組の善利組には現在も屋敷が残り、散策していると江戸時代にタイムスリップした感覚になる。城下を限る善利川は城下を造成する際に付け替えられたもので、その土手の崩落を防ぐ目的で植えられた欅並木は見事である。

城下の西側、琵琶湖岸の松原村には江戸時代後半に藁屋根造りの松原下屋敷が造営された。お浜御殿とも称されたこの下屋敷は藩主の極めてプライベートな別邸であり、琵琶湖の水位と連動して汀線が変化する汐入形式の手法を用いた池を中心とした庭園は国の名勝となっている。

井伊家代々の墓所・清凉寺

さて、城下の北側には松原内湖と呼ばれる琵琶湖の内湖が全面に広がっており、その対岸に清凉寺、龍潭寺、井伊神社、大洞弁財天（長寿院）などの寺社が配されていた。清凉寺は井伊家の墓所で、初代直政をはじめ彦根で亡くなった藩主や一族の墓が残されており、国史跡に指定されている。龍潭寺は井伊家発祥の地である遠江井伊谷より移された寺院である。大洞弁財天は彦根城の鬼門除けとして建立された寺院で、弁天堂は権現造りの華麗な建築として重要文化財に指定されている。藩主はこれら内湖対岸に造営された寺社への参詣には玄宮楽々園より舟で出かけていた。（中井均）

清凉寺井伊家墓所

【column】

善利組足軽組屋敷

彦根藩は足軽の編成を下組（中藪組、池須町組、善利組）、上組（大雲寺組）、北組（切通組、中組、鐘叩組）とし、約1200人を抱えていた。その住宅は組屋敷と呼ばれ、規模は小さいながらも武家屋敷の体裁をとっており、前面には木戸門と瓦葺きの塀を備え、主屋の入り口が直接道路に接することがないように構えられていた。善利組は八組編成として、元和3年（1617）に川原町の裏手に設置された最も大きい組屋敷で、その規模は東西約750m、南北約300mを占めていた。城下の最前線に配置された町として、防御を目的に、道路は直進を避け、意図的に曲げられている。こうした屈曲を「くいちがい」と呼び、行き止まりを「どんつき」と呼んでいる。

善利組の屋敷地は南北方向の16の通りの両側に構えられており、間口五間（約9m）、奥行き10間（約18m）の短冊型に区画されている。主屋は切妻造り瓦葺きとなり、主屋が直接道路に接して構えられるタイプと、道路より奥まって建てられ、前面の塀との間に前庭を設けるタイプがあった。なお、屋敷前面の道路幅は1間半（約2.7m）であった。

組屋敷町道路の交差点に位置する屋敷には辻番所と呼ばれる小屋があり、隅には連子の小窓が設けられており、通行人を監視するためのものであったといわれている。

［東海］

古城ガイド

中井 均

【愛知県】

挙母城（豊田市小坂本町）

豊田市には三つの挙母《ころも》城があった。ひとつは中世の中条氏の居城で、ひとつは三宅康貞《やすさだ》によって慶長19年（1614）に築かれた衣城である。しかし衣城は度重なる洪水に悩まされ、時の城主内藤学文《さとぶみ》は幕府に移転を願い出る。そこで新たに築かれた城が三つ目の城で、幕府によって挙母城と命名するように達しがあり、以後挙母城と呼ばれるようになる。完成した城からは7カ国が望めたことより別名七州《しちしゅう》城とも呼ばれた。昭和53年に本丸の「おやぐら」に隅櫓が復興された。

岩崎城（日進市岩崎）

岩崎《いわさき》城は天文7年（1538）に丹羽氏《うじ》清《きよ》によって築城されたと伝えられ、その後氏識、氏勝、氏次と丹羽氏一族の居城となった。天正12年（1584）の小牧・長久手合戦に丹羽氏は徳川家康方に与《くみ》したため、豊臣秀吉方の池田輝政軍に攻められ落城した。その構造は主郭とその北側に設けられた巨大な馬出曲輪からなり、さらにその周辺に小曲輪が付属する。これらの曲輪では土塁や空堀が良好に残されている。なお、現在城跡には天守閣風の歴史資料館が建てられている。

岩崎城跡

刈谷城（刈谷市城町）

刈谷《かりや》城は天文2年（1533）頃に水野氏によって築かれ、江戸時代には深溝《ふこうず》松平氏、久松《ひさまつ》松平氏、稲垣氏、阿部氏、本多氏、三浦氏、土井氏といった譜代大名の居城となる。城は基本的には土造りによって構えられているが、海岸沿いや大手道、本丸東面には石垣が用いられていた。また藩主の居住する御殿は三の丸に置かれていた。現在は本丸の土塁と堀跡が亀城公園としてわずかに残されているに過ぎない。

沓掛城（豊明市沓掛町東本郷）

沓掛《くつかけ》城の創建は詳らかではないが、戦国時代には近藤氏の居城となっている。この沓掛城を一躍著名にしたのは永禄3年（1560）の桶狭間合戦の前夜に今川義元がこの城で軍議を開き宿泊したことである。義元が討たれた後、沓掛城は織田軍によって攻められ落城した。城跡周辺は住宅地となりその構造については不明な点も多いが、蓬左文庫所蔵の「愛知郡沓掛村古絵図」によると方形の主郭の南前面に半円形の小曲輪が描かれており、主郭虎口の土橋前面には丸馬出の構えられていたことがうかがえる。城跡は現在公園となっている。

沓掛城跡

奥殿陣屋（岡崎市奥殿町雑谷下）

大給《おおぎゅう》松平真次《さねつぐ》が大坂の陣で戦功をあげ大名となり、四代乗真《のりざね》によって正徳元年（1711）に築かれたのが奥殿陣屋《おくどのじんや》である。以後大給松平氏七代の居所となる。陣屋の南半分が藩主の居館、藩庁となり、北半分に地方役所、士分屋敷、学問所などが置かれていた。また陣屋背後の山腹には歴代藩主の廟所が構えられている。現在陣屋の南側が公園として整備され、明治維新後寺院の庫裏として払い下げられていた書院が再び陣屋跡に移築され復元されている。

奥殿陣屋跡

【静岡県】

横須賀城（掛川市松尾町）

横須賀城は天正2年（1574）に武田勝頼によって攻め落とされた高天神《たかてんじん》城を奪還するために徳川家康によって築かれた。関ヶ原合戦後は大須賀氏、能見松平氏、井上氏、本多氏、西尾氏と譜代大名の居城となった。城はかつては海に面していた丘陵に築かれており、本丸を中心に西の丸、二の丸、三の丸が一直線に配置される連結式の縄張りで、大手は東西に設けられていた。城跡は国史跡に指定されており、川原石で積まれていた石垣や天守台が整備されている。

横須賀城跡

田中城（藤枝市田中）

田中城は戦国時代に今川氏の支城であったが、元亀元年（1570）以降武田信玄の城となる。慶長12年（1607）に徳川家康が駿府に隠居すると田中城は家康や将軍が鷹狩りや上洛のための田中御殿として整備される。その後は松平氏などの譜代大名の居城となり、享保15年（1730）に本多正矩《まさのり》の人城以後は本多氏七代の居城として明治を迎えた。田中城の特徴は方形の本丸を中心に四重の堀を同心円状に巡らせた円郭式縄張りにある。また武田氏築城の特徴といわれる丸馬出が6カ所に設けられていることも大きな特徴である。残念ながらこうした縄張りは学校や住宅地となり、ほとんど痕跡は残されていない。

田中城跡

二俣城（浜松市天竜区二俣町二俣）

戦国時代の二俣《ふたまた》城は当初今川氏の支城として築かれ、その後遠江《とおとうみ》を支配下においた徳川家康によって改修された。二俣の地は信濃・三河・遠江を結ぶ交通の要衝として、武田信玄南下の最前線となり、7年間におよぶ攻防戦が繰り広げられた。天正18年（1590）に家康が関東に移封されると二俣城は浜松城の支城として堀尾吉晴《よしはる》の弟宗光が入れ置かれた。その構造は基本的には徳川、武田氏時代に築かれたものであるが、本丸を石垣として、天守台を構えたのは堀尾氏による改修である。

二俣城跡

小島陣屋（静岡市清水区小島本町構内）

滝脇《たきわき》松平信孝《のぶはる》が大名に列せられると、その猶子信治《のぶなり》の代に領地御朱印が下され、宝永元年（1704）に居所として築いたのが小島《おじま》陣屋である。陣屋は滝脇松平氏十代の居所として明治を迎えた。この陣屋の特徴は何と言っても石垣である。元来陣屋には石垣は築かれないが、小島陣屋では大手門や御殿部分が壮大な石垣によって築かれており、城郭を彷彿させる。陣屋跡近くには藩主奉納の石造鳥居のある酒瓶《さかべ》神社や、三代藩主昌信の墓所となった龍津《りょうしん》寺《じ》などが所在するほか、陣屋の御殿が移築されて現存している。なお陣屋跡は国史跡に指定されている。

小島陣屋跡

【岐阜県】

❖苗木城　（中津川市苗木）

苗木《なえぎ》城は木曽川に突出した高森《たかもり》山の頂上に築かれた山城で、岩盤と石垣とを巧妙に組み合わせた構造は実に見事である。なかでも天守台は山頂の岩盤をそのまま利用して築いており、懸造《かけづく》りの柱を据え付けるための柱穴が穿たれている。また城内の建物はすべて板張か土壁であり、屋根も板葺きであった。遠山氏1万余石十二代の居城として明治まで存続した。現在国史跡の指定を受け、整備されて見学しやすい。

苗木城跡

❖加納城　（岐阜市加納丸の内）

関ヶ原合戦によって織田秀信《ひでのぶ》が守備していた岐阜城は東軍の攻撃により灰燼に帰してしまう。その結果、合戦後に徳川家康は加納《かのう》に新たな築城を命じた。築城工事は諸国の大名に動員がかけられた天下普請であった。加納城の構造である方形の本丸に外枡形を凸形に設けるのは徳川幕府による築城によく見られるもので、近江水口《おうみみなくち》御茶屋御殿などは瓜二つである。現在城跡は国史跡に指定され、近年整備が進められている。

加納城跡

❖高山城　（高山市空町城址公園）

天正13年（１５８５）に金森長近《ながちか》は飛騨に侵攻し、翌年には豊臣秀吉より飛騨一国を賜った。長近は当初鍋山城を居城としていたが、新たな拠点として城山（臥牛山）に築いた城が高山城である。築城は天正16年より開始され、慶長８年（１６０３）までの16年間を費やして本丸、二の丸、三の丸が完成した。しかし元禄５年（１６９２）に金森氏が移封されたのち、幕命により徹底的に破却され、石垣の一部を除き城郭遺構はまったく残されていない。現在城山公園として市民の憩いの場となっている。

❖松倉城　（高山市西之一色町松倉山）

松倉《まつくら》城は飛騨高山の街を見下ろす標高８５７ｍの松倉山の山頂に築かれた山城で、巨石を用いた見事な石垣によって築かれている。松倉城は従来飛騨の戦国武将三木自綱《よりつな》によって築かれたとされてきたが、現存する石垣はとても戦国時代に

松倉城跡

築けるものではない。おそらく天正13年（1585）に飛騨へ侵攻し、翌年豊臣秀吉より飛騨一国を賜った金森長近によって築かれたものと考えられる。長近は天正16年より高山城の築城を開始しており、それまでの間の飛騨支配の城だったのではないだろうか。

妻木城跡

❖妻木城（土岐市妻木町上郷）

妻木《つまぎ》城は土岐《とき》明智氏によって築かれたと伝えられ、戦国時代には妻木氏の居城となった。この地は美濃焼の一大生産地であり、その窯を掌握するために築かれた城でもあった。妻木氏は関ヶ原合戦後も旗本として妻木城を居城としていたが、万治元年（1658）嫡子なく絶家となり、妻木城も廃城となった。山頂の城郭は石垣によって築かれ、虎口は枡形となる。こうした構造は関ヶ原合戦後に改修されたものである。南山麓には城主の居館である御殿跡や士屋敷と呼ばれる家臣団屋敷の石垣が階段状に残されている。

【三重県】

❖鳥羽城（鳥羽市鳥羽）

鳥羽《とば》城は文禄3年（1594）に九鬼《くき》嘉隆《よしたか》によって築かれた。寛永9年（1632）に九鬼久隆《ひさたか》が三田へ移封されると、翌年には内藤忠重《ただしげ》が鳥羽城に入城し、二の丸、三の丸が増築され、近世城郭へと整備された。内藤家断絶後土井氏、松平氏、板倉氏、松平氏、稲垣氏と城主は転々とする。城は鳥羽湾に突出した城山に築かれており、水軍の拠点として築かれただけに大手門も海に面して構えられ、4カ所に水門が設けられていた。城跡は学校用地となり、遺構はほとんど残さないが、最近草木が取り払われ石垣が大変見やすくなった。

鳥羽城跡

❖赤木城（熊野市紀和町赤木）

熊野は天正13年（1585）に豊臣秀長《ひでなが》の所領となる。しかし豊臣政権による熊野支配は順調には進まず、天正14年には熊野牢人を主体とする北山一揆が勃発する。この一揆の鎮圧後、豊臣秀長により熊

赤木城跡

野支配の拠点として築かれたのが赤木城である。この時期熊野の山奉行として藤堂高虎《とうどうたかとら》が任じられており、赤木築城にも高虎が関与したと伝えられている。城は小規模ではあるがすべて石垣によって築かれており、とくに主郭虎口は二重枡形となり、織豊系城郭の発達した構造を示している。城跡は国史跡として整備され、見学しやすい。

❖田丸城（度会郡玉城町田丸）

伊勢に侵攻した織田信長は次男信雄《のぶかつ》を北畠氏の養子とさせ、伊勢一国を支配下に置いた。信雄は天正3年（1575）にそれまでの居城であった大河内城を廃し、新たな居城として築いたのが田丸城である。城は石垣によって築かれ、その中心には天守台も設けられており、三重の天守が造営されたといわれている。江戸時代には紀州徳川家の領地となり、田丸城には付家老のひとり久野宗成《むねなり》が入れ置かれ、以後明治に至るまで代々久野氏に預けられた。現在も石垣がほぼ残されている。なお、天守台は穴蔵をもつ構造となっている。

田丸城跡

❖伊勢神戸城（鈴鹿市神戸本多町）

神戸《かんべ》城は伊勢関氏の一族神戸氏によって築かれた。永禄11年（1568）に伊勢に侵攻した織田信長は三男信孝《のぶたか》を神戸具盛《とももり》の養子とし神戸氏を継がせた。信孝は天正8年（1580）に神戸城の大改修をおこない、金箔瓦を葺く五重天守を造営した。信孝の自刃後は滝川雄利《かつとし》が入城し、さらに関ヶ原合戦後は一柳氏、石川氏、本多氏が城主となり明治を迎えた。城は本丸を中心とした梯郭式の縄張りで、現在も本丸の天守台をはじめ、石垣、土塁、堀の一部が残されている。

伊勢神戸城跡

【滋賀県】

❖安土城（近江八幡市安土町下豊浦）

安土城は天正4年（1576）に織田信長によって築城された。高石垣、天主、瓦葺きという画期的な築城で、以後の日本

安土城跡

の築城に大きな影響を与えた。とくに天主は五重七階という高層建築で、内部の障壁画は狩野永徳《かのうえいとく》によって描かれていた。また本丸御殿は発掘調査の結果、1間を7尺2寸とした巨大な建物で、慶長期清涼殿に類似することより、信長が正親町《おおぎまち》天皇の行幸を仰ぐために造営したものと考えられている。現在国の特別史跡に指定され、石垣の整備などがおこなわれている。

❖小谷城（長浜市湖北町伊部）

小谷《おだに》城は湖北の戦国大名浅井亮政《すけまさ》により少なくとも大永5年（1525）までに築かれ、以後久政、長政と浅井氏三代50年の居城となる。しかし元亀4年（天正元年：1573）、織田信長の攻撃により落城した。城は巨大な山城で、大嶽と本丸・大広間と清水谷から構成され、さらにその外側に城下町が形成されていた。現在国史跡に指定され、山頂部の曲輪には土塁や石垣が残されている。落城後、城下町は豊臣秀吉によって築かれた長浜城下へ移転しており、現在も長浜には小谷城下に残る小字と同じ町名が数多く認められる。

小谷城跡

❖観音寺城（近江八幡市安土町石寺）

観音寺《かんのんじ》城は近江守護佐々木六角《ろっかく》氏が南北朝時代に築いた山城で、その規模は全国でも最大級を誇っている。観音寺城の最大の特徴は何と言っても安土築城以前に城域のほぼ全体を石垣によって築いていることである。標高433mの山頂に累々と築かれた石垣はまさに日本のマチュピチュである。さらに本丸や平井丸、池田丸では発掘調査によって曲輪内に巨大な礎石建物跡が検出されており、山上曲輪群で居住していたことも明らかになっている。城跡は現在国史跡に指定されている。

観音寺城跡

［執筆者］
加藤理文（織豊期城郭研究会）
鈴木正貴（愛知県埋蔵文化財センター 調査研究専門員）
高橋洋充（豊橋市二川宿本陣資料館 学芸員）
富樫幸一（岐阜大学地域科学部 教授）
内藤昌康（フリーライター／エディター／カメラマン）
中嶋隆（小牧市教育委員会教育部 部長）
日川好平（歴史小説作家／エッセイスト）

[編著者紹介]
中井 均（なかい・ひとし）
1955年大阪府生まれ。龍谷大学文学部史学科卒業。
現在、長浜市長浜城歴史博物館長。NPO法人城郭遺産による街づくり協議会理事長、龍谷大学・同志社大学非常勤講師なども務める。
主な著書に、『近江の城——城が語る湖国の戦国史』（サンライズ出版、1997年）、『カラー版徹底図解 日本の城』（新星出版、2009年）、『日本城郭鑑賞のコツ65』（メイツ出版、2009年）、『超雑学読んだら話したくなる日本の城』（監修、日本実業出版社、2010年）などがある。

カバー写真／内藤昌康
吉田藩士屋敷図（豊橋市美術博物館蔵）

装幀／夫馬デザイン事務所

東海の城下町を歩く

2010年10月15日　第1刷発行　（定価はカバーに表示してあります）

編著者　中井　均
発行者　稲垣 喜代志

発行所　名古屋市中区上前津2-9-14　久野ビル
振替 00880-5-5616 電話 052-331-0008
http://www.fubaisha.com/
風媒社

乱丁・落丁本はお取り替えいたします。　＊印刷・製本／モリモト印刷
ISBN978-4-8331-0142-4

前田栄作：文　水野鉱造：写真

尾張名所図会 絵解き散歩

天保年間につくられた「尾張名所図会」。そこに描かれた場所の現在の姿を紹介。見慣れた風景、馴染みの地域の江戸時代の姿といまを重ね合わせ、未来の姿に思いを馳せる。訪ねてわかった郷土の素顔！

一六〇〇円＋税

中山正秋

ドニチエコきっぷでめぐる名古屋歴史散歩

モダンな名建築に触れ、華麗な庭園を愛で、街道に江戸の面影を探る…。ドニチエコきっぷで地下鉄・市バスに乗って、名古屋を再発見！奥深い歴史と文化をもつ名古屋を十二のテーマに分けて紹介。

一四〇〇円＋税

内藤昌康

鉄道でゆく東海絶景の旅

駅からちょっと足を延ばせば別世界！カメラマンに人気の有名撮影地から、地元の人しか知らない穴場まで…気軽に楽しめる眺望スポット満載した絶景ガイド。収録地域：愛知、岐阜、三重、静岡、長野

一五〇〇円＋税